Introdução ao
Direito do Trabalho

MARCELO TOLOMEI TEIXEIRA

*Juiz do Trabalho da 17ª Região. Professor da UVV — Universidade de Vila Velha.
Mestre em Filosofia do Direito pela UFSC — Universidade Federal de Santa Catarina.*

Introdução ao Direito do Trabalho

EDITORA LTDA.

© Todos os direitos reservados

Rua Jaguaribe, 571
CEP 01224-001
São Paulo, SP — Brasil
Fone (11) 2167-1101
www.ltr.com.br

Produção Gráfica e Editoração Eletrônica: GRAPHIEN DIAGRAMAÇÃO E ARTE
Projeto de Capa: FABIO GIGLIO
Impressão: PROL ALTERNATIVA DIGITAL

LTr 4497.3
Abril, 2012

Dados Internacionais de Catalogação na Publicação (CIP)
(Câmara Brasileira do Livro, SP, Brasil)

Teixeira, Marcelo Tolomei
   Introdução ao direito do trabalho / Marcelo Tolomei Teixeira — São Paulo : LTr, 2012.

   Bibliografia
   ISBN 978-85-361-2098-0

   1. Direito do trabalho 2. Direito do trabalho — Brasil I. Título.

11-11804   CDU-34:331(81)

Índices para catálogo sistemático:
1. Brasil : Direito do trabalho   34:331(81)

SUMÁRIO

PREFÁCIO		11
1.	PARTE GERAL	13
	1.1. Breve histórico do trabalho humano	13
	1.2. Formação histórica e ideológica do direito do trabalho	15
	1.3. Evolução do direito do trabalho no Brasil	18
	1.4. Conceito e divisão do direito do trabalho	20
	1.5. Denominação	21
	1.6. Conteúdo	21
	1.7. Funções	22
	1.8. Autonomia do direito do trabalho	23
	1.9. Natureza jurídica	23
	1.10. Fontes do direito: conceito e classificação	24
	1.11. Fontes heterônomas	25
	1.12. Fontes autônomas	28
	1.13. Figuras especiais	29
	1.14. Hierarquia entre as normas justrabalhistas	30
	1.15. Princípios do direito do trabalho	30
	1.16. Interpretação do direito do trabalho	34
	1.17. Integração do direito do trabalho	35
	1.18. Aplicação do direito do trabalho no território, no tempo e no espaço	35
2.	RELAÇÃO DE EMPREGO	38
	2.1. Caracterização e requisitos	38

2.2.	Natureza jurídica do contrato de trabalho	41
2.3.	Relações de trabalho *lato sensu*	42
2.4.	O empregado	45
2.5.	O empregador	52
3.	**CONTRATO DE TRABALHO**	**60**
3.1.	Conceito	60
3.2.	Características	60
3.3.	Elementos constitutivos	61
3.4.	Nulidades do contrato de trabalho	62
3.5.	Modalidades do contrato de trabalho	63
3.6.	Pré-contrato de trabalho	66
3.7.	Alterações nas condições de trabalho	66
3.8.	Suspensão e interrupção do contrato de trabalho	69
3.9.	Prova do contrato de trabalho	72
3.10.	Renúncia e transação	72
3.11.	Danos morais, patrimoniais e estéticos	73
3.12.	Assédio sexual e moral	74
4.	**DO FGTS**	**75**
4.1.	Conceito	76
4.2.	Administração	76
4.3.	Natureza jurídica	76
4.4.	Contribuintes e beneficiários	76
4.5.	Depósitos	76
4.6.	Levantamento	77
4.7.	Indenização	77
4.8.	Prescrição	77
4.9.	Competência	78
4.10.	Prova	78
5.	**DA ESTABILIDADE**	**79**
5.1.	Da estabilidade genérica	79
5.2.	Das estabilidades específicas	80
6.	**AVISO-PRÉVIO**	**82**

7.	A EXTINÇÃO DO CONTRATO DE TRABALHO	84
	7.1. Homologação das verbas trabalhistas e seguro-desemprego	92
8.	REMUNERAÇÃO E SALÁRIO	94
	8.1. Gorjeta	95
	8.2. Princípios de proteção ao salário	96
	8.3. Normas de proteção ao salário	96
	8.4. Características do salário	98
	8.5. Modos de aferição do salário	99
	8.6. Tipos de salários	99
	8.6.1. Salário básico	99
	8.6.2. Salário *in natura*	100
	8.6.3. Verbas não salariais	100
	8.6.4. Sobressalário	103
	8.6.5. Salário complessivo	105
	8.6.6. Salário mínimo	105
	8.7. Equiparação salarial	106
	8.8. Descontos no salário	108
	8.9. Gratificação natalina	108
9.	DA JORNADA DE TRABALHO	110
	9.1. Origens da regulamentação legal	110
	9.2. Das fontes legais	111
	9.3. Classificação da jornada de trabalho	112
	9.4. Das horas extras	115
	9.5. Horas *in itinere*	116
	9.6. Acordo de prorrogação de horas	117
	9.7. Sistema de compensação de horas	118
	9.8. Horas extras em condições especiais	118
	9.9. Empregado excluído da proteção legal da jornada de trabalho	119
	9.10. Intervalos	120
	9.11. Registro de horário	121
10.	REPOUSO SEMANAL REMUNERADO	123
11.	DAS FÉRIAS	125
	11.1. Princípios	125
	11.2. Aquisição do direito	126

11.3.	Duração	126
11.4.	Concessão	126
11.5.	Remuneração	127
11.6.	Abono de férias	127
11.7.	Efeitos da extinção do contrato	127
11.8.	Prescrição	128
11.9.	Férias coletivas	128
11.10.	A Convenção n. 132 da OIT	129
11.11.	Férias dos professores	130
11.12.	Férias em regime de tempo parcial	130
12.	**MEDICINA E SEGURANÇA DO TRABALHO**	**131**
12.1.	Equipamento de proteção individual	132
12.2.	Medidas preventivas de medicina do trabalho	132
12.3.	Prevenção de riscos ambientais	133
12.4.	Iluminação e outras medidas impostas	133
12.5.	Insalubridade	133
12.6.	Periculosidade	135
12.7.	Atividade penosa	136
12.8.	Fadiga	137
12.9.	Acidente de trabalho	137
12.10.	Comissão Interna de Prevenção de Acidentes — CIPA	139
13.	**TRABALHO DA MULHER**	**140**
13.1.	Atos discriminatórios	140
13.2.	Proibições	141
13.3.	Proteções	141
13.4.	Licença-maternidade	142
14.	**TRABALHO DO MENOR**	**144**
15.	**PRESCRIÇÃO E DECADÊNCIA**	**147**
15.1.	Conceitos de prescrição e decadência	148
15.2.	Normas gerais de prescrição	148
15.3.	Síntese esquemática de prescrição e decadência	149
15.4.	As espécies da prescrição trabalhista	150

15.5.	Casos especiais	151
15.6.	Das causas que impedem ou suspendem a prescrição	154
15.7.	Contagem da prescrição	155
15.8.	Arguição da prescrição	156
15.9.	Prescrição intercorrente	156
16.	**DIREITO INTERNACIONAL DO TRABALHO**	158
16.1.	A OIT	158
16.2.	Tratados e convenções internacionais	158
16.3.	Comunidades internacionais	160
17.	**DO DIREITO COLETIVO**	161
17.1.	Definição. Denominação. Autonomia e princípios	161
17.2.	O sindicato	163
17.2.1.	História	163
17.2.2.	Natureza jurídica	164
17.2.3.	A liberdade sindical	164
17.2.4.	Criação do sindicato	164
17.2.5.	Da organização sindical	165
17.2.6.	Prerrogativas dos sindicatos	167
17.2.7.	Receitas sindicais	167
17.3.	Conflitos coletivos	168
17.4.	Convenção e acordo coletivo	169
17.4.1.	Natureza jurídica	169
17.4.2.	Aplicação	170
17.4.3.	Conteúdo	170
17.4.4.	Condições de validade	170
17.4.5.	Outras questões	171
17.5.	A greve	171
17.5.1.	Conceito jurídico	172
17.5.2.	Limitações ao direito de greve	172
17.5.3.	Legitimidade	173
17.5.4.	Oportunidade do exercício	174
17.5.5.	Interesse a defender	174
17.5.6.	Negociação coletiva	174
17.5.7.	Assembleia geral	174

17.5.8. Aviso-prévio de greve 175
17.5.9. Serviços ou atividades essenciais............................... 175
17.5.10. Manutenção de bens... 176
17.5.11. Direitos dos envolvidos na greve............................... 176
17.5.12. Abuso do direito de greve (greve abusiva ou ilegal).... 177
17.5.13. Efeitos sobre o contrato de trabalho.......................... 178
17.5.14. Pagamento dos dias parados....................................... 178
17.5.15. Responsabilidade... 179
17.5.16. *Lockout* 179

18. PODER NORMATIVO... 181

BIBLIOGRAFIA 183

Prefácio

Reuni minha modesta experiência no magistério de Direito do Trabalho e de Processo do Trabalho e na magistratura trabalhista para oferecer aos alunos uma breve introdução ao Direito do Trabalho, não fiz e nem procurei fazer um trabalho completo (se é que isso é possível) sobre a matéria, fiz um breve roteiro, é melhor chamar assim, procurando abordar os temas indispensáveis.

Este livro tem, portanto, público-alvo, o aluno de graduação, malgrado sirva também para cursos e concursos públicos, trazendo as informações básicas, sem olvidar, contudo, de análise crítica dos institutos trabalhistas, a par de sua forma reduzida.

Sempre pondero com meus alunos sobre a necessidade de aquisição e de leitura de pelo menos uma obra jurídica de nossa disciplina, o que tem soado quase que "quixotesco" para uma geração que se formou na era da internet; mas creio que nada ainda substitui o prazer da leitura de uma boa obra jurídica, ainda mais podendo tê-la em sua estante. Por isso, serei sempre grato aos ensinamentos de Evaristo de Moraes Filho, Arnaldo Süssekind, Délio Maranhão, Amauri Mascaro Nascimento e Octavio Bueno Magano — autores com os quais iniciei a aventura do Direito Laboral.

Agradeço a Carmem e Gustavo, minha família, pela compreensão das horas perdidas no presente trabalho.

Dedico, por fim, esta pequena obra ao Gustavo, filho querido, e ao amigo Eustachio Ramacciotti, que foi exemplo de advogado trabalhista e que nos deixou de forma tão prematura.

Boa leitura.

1 PARTE GERAL

1.1. BREVE HISTÓRICO DO TRABALHO HUMANO

Não se pode falar do Direito do Trabalho sem, pelo menos, uma rápida análise do conceito e da evolução do mesmo e de suas diversificadas aplicações na sociologia, história, economia etc., pois ele tem seu surgimento, como veremos, ao tentar responder aos conflitos de um dos estágios do trabalho humano, ou seja, o surgimento do proletariado.

De modo que, sem delongas, podemos aduzir que a aventura humana na Terra está sempre ligada com a questão do trabalho. As chamadas sociedades primitiva, escravista, feudal e capitalista organizaram sua forma de produção, com ideia particular sobre o sentido do trabalho. Podemos até notar que, etimologicamente, trabalho vem de *tripalium*, palavra que significa, além de um instrumento agrícola, também instrumento de tortura = fardo, castigo etc.

Ademais, vem também da tradição cristã definir trabalho como castigo, *vide* que Adão foi punido com trabalho por descumprir as leis divinas. A ideia do trabalho como graça ou prazer (o que até hoje é uma concepção para poucos ou para certas categorias) se altera com o tempo; inclusive, Max Weber atribui a ascensão capitalista justamente aos países de maioria protestante, onde a concepção de riqueza, de evolução dos negócios, é atribuída ao reconhecimento divino, o que justifica a energia dos empreendedores.

Enfim, podemos classificar o ciclo do trabalho humano nos seguintes termos:

Início — Alimentar-se, defender-se e abrigar-se do frio e das intempéries; no período paleolítico constroem-se lanças, machados e instrumentos de ataque, todos trabalham por sobrevivência; a partir do momento que desenvolve a agricultura e a pecuária, temos a possibilidade de se produzir mais, daí o começo da escravidão.

Escravidão — O escravo era *res* e não pessoa; a escravidão dava-se pelo aprisionamento na guerra, pela insolvência e condenação por crimes. A escravidão foi realidade na Antiguidade como força de trabalho dominante. A filosofia (Platão, Aristóteles) consideravam a escravidão normal, frutos das conquistas dos Estados ou de dívidas (menos comum). Lembra-se ainda que a escravidão ocorreu nas Idades Média e Moderna; no Brasil, a abolição da escravidão só se deu em 13 de maio de 1888, quando, contraditoriamente, na Europa, o movimento operário já falava até na abolição da propriedade privada — *vide* o Manifesto Comunista de 1848. Acresce dizer que o trabalho escravo muitas vezes é observado em cantões rurais, principalmente do Norte e Nordeste — são os famosos "vales" que o trabalhador não consegue pagar, e daí ele fica proibido se retirar da propriedade rural, tendo que trabalhar sem nada receber.

Trabalho Livre — Já previsto até pelo Código de Hammurabi (Babilônia). Ganha contorno técnico no Direito Romano, tendo como referência a figura do arrendamento de coisa (*locatio conducio rei*); temos a *locatio conductio operis* (obra) e a *locatio conductio operarum* (serviços — que gerou o contrato de trabalho). Para alguns autores, tais institutos romanos são embriões do moderno contrato de trabalho; para outros; o fenômeno do trabalho por essa figura tem implícito uma "coisificação" da pessoa do trabalhador que prescinde temporariamente de sua liberdade, incompatível com o estágio do Direito do Trabalho, que tem como pressuposto essencial a liberdade do trabalhador.

Servidão — Adotada na Europa durante os séculos X ao XIII durante o feudalismo. Camponeses presos à gleba pagavam parte da produção pela terra e pela proteção que recebiam do senhor feudal; podiam transmitir seus bens por herança, mas também transmitiam sua condição de servo. O trabalho servil, mesmo que não representasse grandes avanços, era muito mais bilateral do que o escravo.

Corporações de Ofícios — As corporações (século XII) têm origens nos *collegia* de Roma e nas *guildas* germânicas. Compostas de aprendizes, companheiros e mestres (rígida hierarquia, aprendizado, valorização do trabalho), visavam também ao controle do mercado, da concorrência e ao privilégio dos mestres. As pessoas que exercessem uma mesma profissão deveriam filiar-se de forma obrigatória. Surgimento dos *Compagnonnage* (associações dos companheiros contra os poderes dos mestres — semelhança com os sindicatos).

Revolução Francesa (1789) — Art. 1º da lei Chapelier — fim das regulamentações profissionais (considerando-se delito penal os movimentos associativos dos trabalhadores) — liberdade ampla de contratação. Destarte, as corporações foram abolidas para que a ascensão da burguesia, com a ampla liberdade de contratar, pudesse triunfar, sendo que tal premissa de liberdade ampla, sem fixação de preços ou de condições de trabalho, é que representara a necessidade do surgimento do Direito do Trabalho.

Revolução Industrial — Compreende o conjunto das transformações técnicas, sociais e econômicas que surgiram nos séculos XVIII e XIX na Inglaterra e, posteriormente, irradiaram-se pela Europa e pelos Estados Unidos. São notados: avanços e inovações tecnológicas, incremento do rendimento do trabalho, emprego de novas funções e tarefas, sociedades industriais com elevados número de participantes, aumento do número de trabalhadores na indústria com o surgimento e a conscientização dos trabalhadores como classe social distinta. De modo que foi consolidado o regime de contrato de trabalho livre com os antagonismos entre capital e trabalho. Surgimento, como consequência, do direito do trabalho com a sociedade industrial e o trabalho assalariado.

Momento atual — Período da terceirização, da robótica, do aumento do desemprego e do subemprego; avanço da sociedade de serviço etc.

1.2. FORMAÇÃO HISTÓRICA E IDEOLÓGICA DO DIREITO DO TRABALHO

O Direito do Trabalho rompe com o espírito civilista da época, já que esse último é pautado na autonomia das vontades; porém, o Direito do Trabalho, na medida em que compreende a desigualdade econômica das partes, procura compensar as mesmas criando desigualdades em prol da classe trabalhadora. Seu objetivo é claro: desenvolver melhores condições de trabalho para os trabalhadores; portanto, é um ramo jurídico finalisticamente determinado.

Palma Ramalho sintetiza com precisão: "O Direito do Trabalho é usualmente considerado como um ramo jurídico jovem, porque embora o fenômeno do trabalho subordinado, com os contornos que hoje conhecemos, se tenha a começado a massificar a partir do final do séc. XVIII, com o advento da Revolução Industrial, foi necessário esperar até ao final do séc. XIX para que a produção normativa no domínio laboral se regularizasse e intensificasse a ponto de se poder reconhecer uma nova área do universo jurídico."[1]

Apresentamos o seguinte quadro:

Séc. XVIII — Concentração do operariado nas fábricas;
Primeiras reivindicações trabalhistas (condições especiais para as crianças e mulheres, duração e retribuição do trabalho);
Formação da consciência coletiva.

Séc. XIX — Início da intervenção legislativa, ou seja, primeiras leis trabalhistas; seja pelo impulso da doutrina social da Igreja ou pelo desenvolvimento dos sindicatos e das negociações coletivas pela influência da ideologia marxista;

---
(1) RAMALHO, Maria do Rosário Palma. *Direito do trabalho*. Coimbra: Almedina, p. 240.

Primeiros movimentos associativos — *trade unions* (movimentos coletivos ingleses, inicialmente, para a defesa de direitos individuais);

Primeiras greves organizadas;

Manifesto Comunista (1848);

Interesse participativo da Igreja Católica — Encíclica *Rerum Novarum* — PAPA LEÃO XIII (1891); muitos críticos apontam que a intervenção da Igreja Católica teve o objetivo de diminuir a influência comunista nos movimentos operários, o fato é que foi importante influência na obtenção dos direitos trabalhistas;

Reconhecimento legal dos sindicatos (1875).

Séc. XX — Efeitos da Primeira Guerra Mundial (1918-1921); Tratado de Versalhes (1919); Convenção de Genebra (1921); (1918) Constituição Mexicana (1917) e de Weimar (1919); Carta Del Lavoro (1927); todos assegurando diretos sociais e iniciando o período denominado "Constitucionalismo Social". Importante marco está na ideologia corporativa, que, nas décadas de 1920/1930, nos anos 20 e 30, na Itália, na Espanha, em Portugal e no Brasil, defende a intervenção do Estado na ordem trabalhista, limitando seriamente a atuação dos sindicatos, exemplo típico dos ideais da Carta Del Lavoro idealizando a substituição da luta de classe pela colaboração interclassista (não é uma constituição, mas, sim, são diretrizes traçadas pela Itália de Mussolini. Destaca-se ainda que a criação da OIT (1918) marca o traço de internacionalização que acompanha o Direito do Trabalho até hoje, *vide* a importância dos tratados internacionais.

Efeitos da Segunda Guerra:

— explosão tecnológica;

— transformações da grande empresa (a ideia da empresa "enxuta", com fortes terceirizações e novas exigências para o empregado — versatilidade).

— reformulação geoeconômica (*vide* o exemplo da expansão do mercado asiático).

Momento atual — Desde a **crise** petrolífera de 1973, e com as subsequentes flutuações econômicas, as empresas procuraram reduzir custos, rompendo inclusive com o modelo fordista de empresa-ilha, que tudo produz, para a ideia de empresa enxuta, de modo que é questão de ordem a redução das folhas de pagamento. A **nova empresa** remunera seus trabalhadores de acordo com os resultados; organiza o trabalho por equipes sem a rigidez de modelos hierarquizados de outrora; o local de trabalho pode não ser necessariamente rígido (ex.: teletrabalho) e há o fenômeno da flexibilização. A **globalização** ratifica a necessidade de redução de custos e a otimização da conjugação dos fatores produtivos (como exemplo, a mão de obra abundante de países como a Índia e a China). As atividades mais simples das diversas empresas são repassadas para países de mão de obra mais barata, com fontes mais acessíveis de energia, sendo exigida também maior segurança jurídica quanto às normas laborais e tributárias.

Destaque ainda para o fenômeno da **flexibilização**. Ela pode ser classificada como **externa**, decorrente de vínculos laborais atípicos (contratos de trabalho a termo, a tempo parcial, temporários etc.), e **interna** (admissão da polivalência funcional do empregado, facilitação de transferência e de cessão de trabalhadores, flexibilização do horário de acordo com a necessidade de cada momento da empresa, salários e garantias podendo ser flexibilizado pela negociação coletiva e diminuição do vigor da estabilidade no emprego). Portanto, o que aqui prevalece é a ideia de que as leis trabalhistas não devem dificultar o desenvolvimento econômico e devem compatibilizar-se com as exigências da economia de mercado e com a valorização das negociações coletivas que, a rigor, atualmente estipula as chamadas *cláusulas in melius* e *in pejus*, na tentativa de dar atendimento às condições de cada época e de cada setor.

Na Europa, surge a ideia da **flexissegurança**, que é, segundo Ramalho[2], o "aumento da tutela dos trabalhadores nas situações de desemprego na formação e qualificação dos trabalhadores, de modo a facilitar as transições e a reconversão profissional ao longo da vida activa", ou seja, é o Estado amenizando os efeitos do desemprego.

Via de regra, a jurisprudência pátria vem admitindo tão somente a flexibilização de direitos ligados ao salário e à jornada de trabalho (CF/88, art. 7º, VI, XIII e XIV). Amauri Mascaro Nascimento[3] cita o professor italiano Vallebona, que observa, com razão, que a autonomia coletiva foi chamada a gerir as crises das empresas, ou seja, os acordos e as convenções coletivas diminuem direitos pela preservação das empresas; em nosso ordenamento, há as limitações constitucionais já mencionadas.

Na Europa, surgiu o Direito do Trabalho **comunitário**, ou seja, a legislação social é aplicada para vários países, exemplos da União Europeia e do embrionário Mercosul, na América do Sul.

Algumas legislações criaram figuras **intermediárias** em face do trabalho subordinado, como a parassubordinação e a coordenação, realidade ainda alienígena para nosso ornamento jurídico.

Cresce o argumento de que as **empresas de pequeno porte** não devem ser tratadas do mesmo modo que as demais.

Os direitos fundamentais e de **personalidade do trabalhador** são cada vez mais protegidos, *vide* a proteção ao assédio sexual e moral. Curiosamente, temos que as ações de indenização por dano moral, por exemplo, devem ser fundamentadas no Código Civil, enquanto o conceito de abuso sexual encontra-se no Código Penal.

---

(2) *Ibidem*, p. 57.
(3) NASCIMENTO, Amauri Mascaro. *Iniciação ao direito do trabalho*. 34. ed. São Paulo: LTr, 2009. p. 49.

As empresas procuram reduzir gastos e, para isso, subcontratam serviços, descentralizando atividades (**terceirização**), o que culminou na resposta da jurisprudência com a Súmula n. 331 do TST; preferem cooperados (CLT, art. 442, parág. único); procuram as formas de salários para substituir remunerações fixas por variadas.

Os **sindicatos** enfraquecem pelos seguintes motivos: desemprego, descentralização das empresas e queda da inflação, afastando seus pleitos frequentes de correção de salários. Para Palma Ramalho,[4] surge uma nova categoria de trabalhadores (mulheres, jovens ou trabalhadores estudantes); segundo a autora: "Estes trabalhadores escapam à lógica da fixação das condições de trabalho pela via da negociação coletiva, ou porque evidenciam uma maior capacidade negocial que os dispensa do recurso à representação sindical (assim, os trabalhadores altamente especializados, os quadros e os dirigentes) ou porque têm necessidades específicas que não são bem acolhidas nem compreendidas pelas estruturas sindicais (assim, as mulheres ou os trabalhadores estudantes, que procuram conciliar a sua vida profissional com outras ocupações)." Todo esse quadro leva à perda de protagonismo dos sindicatos e, por consequência, à diminuição do vigor do princípio da autonomia coletiva.

O **trabalho em domicílio** aumenta ante a utilização de computadores, faxes, celulares, além de outros recursos — é o que atualmente se chama de teletrabalho.

1.3. EVOLUÇÃO DO DIREITO DO TRABALHO NO BRASIL

É bom lembrar que saímos tarde do modelo escravista (1888) que por muito tempo predominou em nossa forma de produção. Com o trabalho livre, começam as demandas trabalhistas, fortemente reprimidas na chamada República Velha, a ponto de ser taxada de "uma questão de polícia". Com a era Vargas, tivemos a criação de um modelo social calcado na lei, sem liberdades para que os sindicatos desenvolvessem um direito coletivo forte; tal traço se faz ainda presente no momento atual. A par de a Constituição Federal de 1988 ter apresentado um novo caminho de liberdades para o direito coletivo, podemos assim sintetizar:

Pré-Descobrimento — Nihil.

Colonial — Corporações profissionais;
Irmandades religiosas.

Império — A Constituição do Império (1824) consagrou a filosofia liberal da Revolução Francesa, assegurando a liberdade do trabalho livre e a proibição quanto às corporações de ofício.

---

(4) RAMALHO, *op. cit.*, p. 570.

Instituição do aviso prévio no Código Comercial (1850);
Abolição da escravatura (1888).

República Velha — Constituição de 1891 — considerava lícitos os sindicatos;
Leis de organização sindical (1903 e 1907);
Tratado de Versalhes (1919) e Conferência de Genebra (1921);
Organização Internacional do Trabalho (OIT);
Lei instituidora do seguro de acidente de trabalho (1919);
Lei Eloy Chaves (ferroviários — Caixa de Aposentadoria — estabilidade);
Lei de férias para os trabalhadores urbanos (Lei n. 4.582) etc.

Código Civil de 1916 — regras de locação de serviços sem proteções especiais ao trabalhador; curiosa a interpretação da historiadora Keila Grinber: "Após anos e anos de discussões, para Beviláquia, a parte do código referente à locação de serviços acabou de ficar incompleta, anacrônica e tecnicamente defeituosa." Ou seja, todas as disposições do trabalhador foram retiradas, assim como as proibições de contratação de serviços de menores. Em suma, não estava em consonância com a proteção ao empregado já existente nos ordenamentos de outros países, sobretudo, da Europa e dos Estados Unidos.

República Nova — Revolução de 1930, influência da doutrina positivista, da autoria do filósofo Augusto Conte, que teve forte influência no Rio Grande do Sul, com adesão de Borges de Medeiros, Júlio de Castilhos e o próprio Getúlio Vargas, sendo certo que procurava em vez de embate com a classe operária a sua absorção ao sistema. A partir de Vargas se iniciava então um novo ciclo para a questão social, aumentando consideravelmente o acervo das leis trabalhistas.

Constituição de 1934 — primeira constitucionalização de direitos sociais. Destaque para o pluralismo sindical. A rigor, não era coerente com as ideias de Vargas e de seu grupo político, só na CF de 1937 tais ideias prevalecem.

Constituição de 1937 — destaque para o autoritarismo corporativo: os sindicatos estavam atrelados ao Estado e a greve era ilícita.

Constituição de 1946 — destaque para a maior liberdade de greve, integração da Justiça do Trabalho ao Poder Judiciário e aumento do elenco dos direitos individuais.

Consolidação das Leis do Trabalho (1943) — destaque para influência do corporativismo italiano (ex.: unicidade e intervenção do Estado nos sindicatos).

Movimento político-militar de 1964 — destaque para instituição do FGTS e inclusão da greve como direito (embora muito restritivo).

Constituição de 1988 — adoção de um modelo prescritivo, não sintético, com destaque para o alongamento do rol dos direitos individuais constitucionalizados (art. 7º) e para a liberdade sindical, embora mantido o imposto sindical.

Falta de regulamentação do art. 7º, I, que prevê a proteção contra a dispensa arbitrária ou sem justa causa, além da ausência de regulamentação quanto ao aviso prévio proporcional, ao adicional de atividades penosas e à proteção em face da automação.

Deve ser observada com atenção a legislação esparsa de flexibilização, aprovada depois de 1988, com o propósito de tornar menos rígidas as normas sobre jornada de trabalho, utilidades, subcontratações, cooperativas, compensação de horas, trabalho a tempo parcial, diminuição do valor de privilégio de crédito diante da falência da empresa, igualdade do prazo prescricional entre urbanos e rurais e outras.

Após a Constituição de 1988, vários direitos foram ainda incorporados, como veremos ao longo do curso.

1.4. CONCEITO E DIVISÃO DO DIREITO DO TRABALHO

Temos as definições **subjetivistas**, com enfoque nos sujeitos das relações trabalhistas, as **objetivistas**, com enfoque na relação trabalhista, e as **mistas**, que combinam ambas as definições. A subjetivista enfatiza o caráter teleológico de melhoras nas condições de vida da classe trabalhadora; a objetivista, por sua vez, enfatiza a categoria essencial do Direito do Trabalho, que é a relação empregatícia.

Exemplo do conceito subjetivista exposto por Hueck e Nipperdey: "(...) o Direito do Trabalho é o direito especial de um determinado grupo de pessoas, que se caracteriza pela classe de suas atividades lucrativas (...) é o direito especial dos trabalhadores. (...) O Direito do Trabalho se determina pelo círculo de pessoas que fazem parte do mesmo".

Exemplo da definição objetivista proposta por Messias Pereira Donato: "o Direito do Trabalho é o corpo de princípio e de normas jurídicas que ordenam a prestação do trabalho subordinado ou a este equivalente, bem como as relações e os riscos que dela se originam".

Por fim, exemplo da definição mista, proposta por Octavio Bueno Magano[5]: "conjunto de princípios, normas e instituições, aplicáveis à relação de trabalho e situações equiparáveis, tendo em vista a melhoria da condição social do trabalhador, através de medidas protetoras e da modificação das estruturas sociais".

Obs.: instituições = forma estável que obedece a regras específicas em vários ramos — exemplo: social, econômico e jurídico (ex.: divórcio, júri popular no Direito do Trabalho: férias, décimo terceiro salário ou gratificação natalina, negociação coletiva etc.).

---

(5) MAGANO, Octavio Bueno. *Manual de direito individual do trabalho*. São Paulo: LTr, 1987. p. 221.

Temos ainda as seguintes divisões:

DIREITO INDIVIDUAL DO TRABALHO — são as relações individuais contratuais englobando relação de emprego, sujeitos, modalidades e conteúdos.

DIREITO SINDICAL OU COLETIVO — estuda os sindicatos, as demais organizações sindicais, a representação dos trabalhadores nas empresas, os conflitos coletivos de trabalho e suas formas de soluções, inclusive as convenções coletivas e as greves. Interessante que o Direito do Trabalho pode ter diversos centros regulativos (policentrismo). O sistema germânico desenvolveu, por exemplo, um sistema coletivo forte, a ponto de ter como presença marcante a intricada cogestão das empresas (trabalhadores participando dos destinos da empresa), ao passo que o nosso sistema coletivo é consideravelmente frágil.

DIREITO INTERNACIONAL DO TRABALHO — estuda a Organização Internacional do Trabalho, suas convenções e os tratados internacionais entre os Estados.

DIREITO PÚBLICO DO TRABALHO — estuda a relação entre Estado, empregado e empregadores; *vide* as fiscalizações trabalhistas no âmbito da Delegacia Regional do Trabalho, a colocação de mão de obra pelo Estado, o direito penal do trabalho etc.

DIREITO PROCESSUAL DO TRABALHO — estuda a organização dos órgãos judiciários trabalhistas e a aplicação do processo do trabalho nos julgamentos dos dissídios individuais e coletivos do trabalho.

1.5. DENOMINAÇÃO

O Direito do Trabalho já recebeu diferentes denominações: Direito Industrial (criticado por ser restrito a um único ramo da atividade econômica); Direito Operário (criticado por abranger uma única classe social); Direito Corporativo (criticado porque é termo da era Vargas e de sua influência fascista); Direito Sindical (criticado por ser um mero ramo do Direito do Trabalho); e Direito Social (criticado por ser deveras abrangente, incorpora, por exemplo, o Direito Previdenciário).

Prevaleceu Direito do Trabalho, embora não seja denominação perfeita, pois a palavra *trabalho* refere-se a objeto mais amplo (trabalho autônomo). Para muitos, a expressão Direito Empregatício é mais precisa.

1.6. CONTEÚDO

O Direito do Trabalho, como sistema jurídico coordenado, tem na relação empregatícia sua categoria básica, a partir da qual se constroem os princípios, as regras e os institutos essenciais desse ramo jurídico especializado, demarcando sua característica própria, distintiva dos ramos jurídicos correlatos.

Excluem-se os trabalhadores autônomos, os eventuais, os estagiários, além do importante segmento dos servidores públicos não "empregaticiamente" contratados (servidores sob regime administrativo, portanto, não contratados sob o regime celetista). Incluem-se nesse rol os trabalhadores avulsos (art. 7º, XXXIV, da CF/88), que, como veremos, embora estejam equiparados aos trabalhadores celetistas, não são tecnicamente empregados.

A nova competência da Justiça do Trabalho — EC n. 45/2004 — que abrange os autônomos, estagiários e demais prestadores de serviços não significa a aplicação aos mesmos dos direitos materiais trabalhistas. Aliás, a CLT já previa, em seu art. 652, a possibilidade de julgar o pequeno empreiteiro ou artífice, contudo, a intenção da lei foi de apenas viabilizar o mais simples acesso ao Judiciário a esse trabalhador humilde, mas não aplicar o direito material trabalhista.

Portanto, discordamos de Ives Gandra da Silva Martins Filho, que afirma que, "no Brasil, com a ampliação da competência da Justiça do Trabalho, promovida pela Emenda Constitucional n. 45, de 8 de dezembro de 2004, passou a ser objeto do Direito do Trabalho não apenas a relação de emprego, mas toda e qualquer relação de trabalho".[6]

Ora, o objeto do Direito Material do Trabalho não alterou; a única mudança deu-se no âmbito do Direito Processual do Trabalho, vez que a Emenda 45 ampliou a competência da Justiça Laboral, possibilitando o acesso a esse Órgão Jurisdicional de trabalhadores outros que não foram previstos antes da reforma constitucional.

1.7. FUNÇÕES

Podemos elencar como principais funções do Direito Trabalhista a melhoria das condições de pactuação da força de trabalho na ordem socioeconômica e o objetivo de imprimir padrão restritivo de pactuação das relações empregatícias. Em suma, melhorar as condições da classe trabalhadora, através da garantia de uma rede de proteção mínima garantida pelo Estado, conciliando assim o conflito de classes; daí a expressão "paz social", que pode ser também denominada de função coordenadora.

Função tutelar é proteger o empregado com leis diferenciadas, indisponíveis. Pode-se falar em função conservadora ou opressora do Estado quando esse impõe, pela força ou pela ideologia, sua vontade ao movimento dos trabalhadores. Função econômica porque outros dirão que visa à realização de valores econômicos, e qualquer vantagem ao trabalhador deve ser meticulosamente precedida de um suporte econômico.

---

(6) MARTINS FILHO, Ives Gandra da Silva. *Manual de direito e processo do trabalho*. São Paulo: LTr, 2008. p. 23.

Segundo Mauricio Godinho Delgado, "evidente que seria ingenuidade negar que o Direito do Trabalho não tenha, também, concomitantemente, função política conservadora, que existe na medida em que esse ramo jurídico especializado confere legitimidade política e cultural à relação de produção básica da sociedade".[7]

1.8. AUTONOMIA DO DIREITO DO TRABALHO

Para que um ramo do Direito seja considerado autônomo, alguns requisitos devem ser atendidos. Segundo Alfredo Rocco, esses requisitos são: (1) campo temático vasto e específico; (2) elaboração de teorias próprias; (3) metodologia própria de construção e reprodução da estrutura e dinâmica. Acrescenta ainda Godinho Delgado a existência de perspectivas e questionamentos específicos e próprios.

Sobre o **campo temático**, temos a relação de emprego, a duração do trabalho, a remuneração, a negociação coletiva, a greve etc., que são específicos do Direito do Trabalho.

Sobre **teorias específicas**, temos as teorias de nulidades e de hierarquia das normas jurídicas, ambas distantes do Direito Civil.

Sobre a **metodologia**, temos no Direito do Trabalho geração própria de suas normas, *vide* o mecanismo de negociação coletiva e o dissídio coletivo.

Sobre **perspectivas e questionamentos**, veja-se a relação credor/devedor, que, no Direito Civil, é, em geral, normatizada sob a perspectiva básica favorável ao devedor, ao passo que no Direito do Trabalho prevalece a óptica do credor/empregado.

Vale acrescentar outros fatores que apontam para a autonomia. **Autonomia didática**: está bem caracterizada no Brasil, pois as faculdades mantêm o curso de Direito do Trabalho, enquanto disciplina obrigatória; **autonomia legislativa**: há um código próprio de direito do trabalho; **autonomia doutrinária**: bom número de obras dedicadas ao Direito do Trabalho, é das maiores entre todos os países; **autonomia jurisdicional**: ramo do Poder Judiciário especializado em questões trabalhistas — a Justiça do Trabalho; **autonomia científica**: conforme os elementos acima mencionados.

1.9. NATUREZA JURÍDICA

Cita Godinho Delgado o pensamento de Roberto Ruggiero: "(...) público será o Direito que tenha por finalidade regular as relações do Estado com outro Estado ou as do Estado com seus súditos (ideia de titularidade), procedendo em razão do poder soberano e atuando na tutela de bem coletivo (ideia de interesse).

---

(7) DELGADO, Mauricio Godinho. *Curso de direito do trabalho*. São Paulo: LTr, 2009. p. 132.

Privado, por sua vez, será o Direito que discipline as relações entre pessoas singulares (titulares), nas quais predomine imediatamente o interesse de ordem particular".[8]

Para alguns, o Direito do Trabalho é **público**, considerando-se o caráter imperativo marcante das regras trabalhistas.

Para outros, é Direito **privado**, considerando-se a substância nuclear do Direito do Trabalho (relação de emprego).

Há, ainda, aqueles que adotam o critério **misto**, considerando que "a natureza do Direito do Trabalho é um conúbio de instituições de direito público e direito privado" (Perez Botija).

Enfatiza Süssekind: "Se a maioria dos defensores da natureza, do Direito do Trabalho como direito público, realça o fato de ter ele nascido da intervenção do Estado, nas relações de trabalho e da consequente publicização de seu conteúdo fundamental, os partidários da sua classificação como direito privado, recorda que as normas legais que lhe correspondem nasceram nos códigos civis, sendo que o instituto básico do novo rumo da ciência jurídica é o contrato de trabalho, cuja natureza jurídica é, indubitavelmente, de direito privado".[9]

Aduz ainda o jurista que, na Itália, o Direito do Trabalho é conceituado de forma restrita, separado do direito sindical é que enquadram as disposições sobre infrações administrativas trabalhistas, crimes do trabalho, relações internacionais do trabalho e magistratura e processo do trabalho como partes integrantes do Direito Tributário, do Direito Penal, do Direito Internacional e do Direito Processual, respectivamente — ramos esses pertencentes ao direito público.

1.10. *FONTES DO DIREITO: CONCEITO E CLASSIFICAÇÃO*

O **ordenamento jurídico** significa o conjunto de normas emanadas de autoridade competente vigorantes num dado Estado, compõe-se de fontes normativas, que são os meios de revelação das normas jurídicas nele imperantes.

Aliás, para que exista direito, é necessário haver um sistema de normas. As normas não são vistas isoladamente, já que sua validade depende de uma norma superior.

Há duas concepções de Direito: o **monismo**, visão segundo a qual o Direito é somente produzido pelo Estado; e o **pluralismo**, que admite direitos elaborados pelo Estado. Destarte, é forte presença do pluralismo no Direito do Trabalho, já que vários são os diplomas advindos da intervenção das partes interessadas — acordo, convenção coletiva, acordos individuais etc. Nosso ordenamento tem forte

---

(8) DELGADO, Mauricio. *Op. cit.*, p. 123.
(9) SÜSSEKIND, Arnaldo. *Direito do trabalho*. 2. ed. Rio de Janeiro: Renovar, 2007. p. 302.

presença do monismo, até pela sua herança histórica do Estado-Novo, mas o pluralismo vem crescendo, principalmente após a Constituição Federal de 1988, com as ideias avançadas de sindicato livre, de respeito às negociações coletivas e à liberdade de greve.

O Direito do Trabalho é provido de forte presença, em seu interior, de fonte privada. Contudo, tais fontes não podem ser contraditórias com o núcleo de produção mínima, ou seja, é preciso respeitar o que a lei determina, apenas utilizando a via privada para melhorar as condições legais, sendo raras em nosso ordenamento as hipóteses de piora, como veremos ao longo do curso.

Ademais, temos as chamadas **fontes materiais ou reais**, enfocando o momento pré-jurídico; são os fatores econômicos, políticos e sociais que determinam o conteúdo das normas, e são tão somente explicativas. Assim, para explicar o surgimento do Direito do Trabalho destaca-se a perspectiva econômica (Revolução Industrial no séc. XVIII); a perspectiva sociológica (agregação dos trabalhadores); a perspectiva política (movimentos sociais organizados pelos trabalhadores); a perspectiva filosófica (trabalhismo, socialismo-cristão, comunismo, o fascismo-corporativismo e atualmente o neoliberalismo). Até o fator religioso é fonte material, exemplo do repouso semanal remunerado que recai preferencialmente aos domingos.

As **fontes formais** são as formas por meio das quais se manifestam as regras. São vinculativas, e é o que por ora nos interessa.

Dividem-se as fontes formais em **heterônomas** (*hetero*, do grego, significa "outro", "diferente", e *nomo* significa lei), que são as regras cuja produção não se caracteriza pela imediata participação dos destinatários principais das mesmas regras jurídicas, e em **autônomas** (*auto*, do grego, significa de "si próprio", ou "do mesmo"), que são as regras cuja produção caracteriza-se pela imediata participação dos destinatários principais das regras produzidas (costume, convenção coletiva, acordo coletivo etc.).

1.11. FONTES HETERÔNOMAS

São fontes formais do Direito, as diferentes espécies normativas que o ordenamento admite como formas válidas de expressão do Direito. De forma geral, a lei, a analogia, o costume (esse é fonte autônoma) e os princípios gerais do direito — vide CPC, art. 1.216, e a Lei de Introdução ao Código Civil, art. 4º.

De forma específica ao Direito do Trabalho, aplicar-se-á o **art. 8º da CLT**, que **amplia** sobremaneira as chamadas fontes indiretas se comparadas aos outros códigos. Vejamos:

> Art. 8º As autoridades administrativas e a Justiça do Trabalho, na falta de disposições legais ou contratuais, decidirão, conforme o caso, pela jurisprudência, por analogia, por

equidade e outros princípios e normas gerais de direito, principalmente do direito do trabalho, e, ainda, de acordo com os usos e costumes, o direito comparado, mas sempre de maneira que nenhum interesse de classe ou particular prevaleça sobre o interesse público.

Que se observe que o texto acima descrito fala em fontes diretas, que são a lei em todas as suas espécies e os contratos, e as fontes indiretas, que são as demais figuras. Ademais, os operadores jurídicos privilegiados, que interpretam de forma a interferirem na vida alheia, são as autoridades administrativas (exemplos dos fiscais do trabalho com suas autuações) e os juízes trabalhistas.

Sobre as fontes diretas, começamos pela espécie **Constituição**, que representa fonte normativa de prevalência. Atente-se para seus conceitos de revogação, recepção e de inconstitucionalidade. Observe-se ainda que, modernamente, ampliou-se o conceito de constituição em sentido material, ou seja, para abranger temas concernentes à moderna prevalência das concepções sociais e coletivas de estruturação do Estado e da ordem jurídico-social. Destaca-se, por fim, seus conceitos de normas de eficácia plena, normas de eficácia contida e normas de eficácia limitada.

Observe-se ainda as **Emendas constitucionais**, que são as normas revisoras da norma, fundantes e editadas segundo processo legislativo previsto na própria norma constitucional; enfim, significam a atualização da Constituição.

Modernamente, temos que os **tratados e as convenções internacionais** sobre direitos humanos que forem aprovados em cada Casa do Congresso Nacional, em dois turnos, por 3/5 dos votos dos respectivos membros, serão equivalentes às emendas constitucionais — *vide* o § 3º do art. 5º da CF.

A Constituição atribui à União **competência** para legislar sobre Direito do Trabalho (art. 22, inc. I). Contudo, o mesmo art. 22 dispõe, em seu parágrafo único, que "lei complementar poderá autorizar os Estados a legislar sobre questões específicas (...)" (*vide* os pisos salariais de alguns Estados).

A Constituição brasileira, no capítulo sobre Poder Legislativo, prevê vários tipos de leis (CF/88, arts. 59 e 69): a) leis complementares; b) leis ordinárias; c) leis delegadas; d) medidas provisórias; e) decretos legislativos.

As **leis complementares** são para determinadas questões que devem ser aprovadas por maioria absoluta das duas casas do Congresso; não podem ser alteradas ou revogadas por leis ordinárias. Um exemplo no campo trabalhista é a Lei Complementar n. 103 (autoriza a instituição pelos Estados do piso salarial).

As **medidas provisórias** podem ser adotadas pelo presidente da República, com força de lei, "em caso de relevância e urgência". O STF admite a matéria trabalhista em tal rol, assim como a nova EC n. 32 não o incluiu no grupo de ramos e matérias sobre os quais é vedado o exercício do poder legiferante presidencial (*vide* art. 62 da CF/88). Várias medidas provisórias, sendo que algumas tornaram-se já lei, são de cunho trabalhista: participação nos lucros e resultados empresariais, trabalho em domingos no segmento do comércio, trabalho em tempo parcial, "banco de horas" etc.

As **leis ordinárias** são aprovadas se obtiverem maioria de votos a seu favor, se estiver presente a maioria dos membros da Casa (maioria absoluta quanto ao *quorum* de instalação e maioria simples dos presentes para a aprovação). A CLT e diversas leis esparsas trabalhistas são exemplos.

As **leis delegadas**, por sua vez, são elaboradas pelo presidente da República mediante delegação do Congresso Nacional. Este, na respectiva resolução, poderá reservar-se o direito de aprovar, ou não, o texto, em votação única, vedada qualquer emenda (CF/88, art. 68).

Já os **decretos legislativos** são os instrumentos com os quais o Congresso Nacional delibera sobre a matéria de sua exclusiva competência (aprovação de tratados, decretação de intervenção federal etc.); têm hierarquia de lei, embora não estejam sujeitos a sanções ou veto do presidente da República. Como exemplo, o Decreto Legislativo n. 178/99, que aprovou o texto da Convenção n. 182 e da Recomendação n. 190 da Organização Internacional do Trabalho sobre a proibição das piores formas de trabalho infantil, e o Decreto Legislativo n. 68/92, que aprovou o texto da Convenção n. 158 sobre o término da relação de trabalho por iniciativa do empregador, mas que acabou sendo denunciado ao mencionado órgão pelo governo brasileiro, perdendo sua validade.

Temos ainda os **Tratados** (documentos obrigacionais, normativos e programáticos entre dois ou mais Estados ou entes internacionais); as **Convenções** (espécies de tratados, aprovados por entidades internacionais, a que aderem voluntariamente seus membros); a **recomendação** (expedida por ente internacional, considerando relevante a incorporação pelos Estados); e a **Declaração** (também programática, expedida por Estados soberanos, em eventos ou congressos).

Os tratados e as convenções são leis quando ocorre a ratificação pelo Congresso Nacional, ou seja, o presidente da República celebra e o Congresso Nacional ratifica, por meio de decreto legislativo, aprovado por maioria simples e promulgado pelo presidente do Senado (art. 49, I, da CF/88). Podem ser considerados inválidos, mesmo depois de ratificados, se existir afronta à regra ou ao princípio inserido na Carta Magna Brasileira. No campo trabalhista, é deveras utilizável, *vide* as Convenções da OIT.

O **Regulamento Normativo (Decreto)** objetiva operacionalizar a observância concreta do comando legal originário. Exemplos do Decreto n. 57.155/65 (13º salário), do Decreto n. 95.247/87 (Vale-Transporte) etc.

Portarias, Avisos, Instruções, Circulares: faltam-lhes qualidades de lei em sentido material, como: generalidade, abstração e impessoalidade. Contudo, a própria lei pode se reportar a tais espécies, para que as mesmas passem a integrar leis e decretos. Exemplo: as atividades ou operações consideradas perigosas, na lei brasileira, deverão ser especificadas em portaria do Ministério do Trabalho (art. 193, CLT); igualmente, será a portaria ministerial que indicará os níveis de tolerância para exercício de trabalho em circunstâncias insalubres (art. 192, CLT).

Sentença Normativa é a solução dada pelos tribunais, via sentença, aos conflitos coletivos. Ela tem natureza normativa, pois se aplica ao grupo envolvido, criando norma de caráter abstrato por período determinado, já que não poderá ser superior a quatro anos (art. 868 da CLT, parágrafo único) e a realidade da Súmula n. 277 do TST (não integram de forma definitiva os contratos); a matéria será mais bem detalhada.

1.12. FONTES AUTÔNOMAS

Convenção Coletiva de Trabalho e Acordo Coletivo — normas abstratas, impessoais e dirigidas à regulamentação *ad futurum* de relações trabalhistas criadas pelos próprios patrões e empregados. A Convenção é intersindical e o Acordo é entre o sindicato e uma ou mais empresas — *vide* a questão da aderência contratual (há três posições — não aderem, aderem, aderem até que novo diploma negocial os revoguem). Outro tema polêmico é o que envolve o art. 620 da CLT (hipótese de o acordo coletivo reduzir alguma vantagem concedida em convenção coletiva). A expressão "contrato coletivo de trabalho" designa um gênero que abrange tanto a convenção como o acordo coletivo, ou, ainda, uma otimização para a ideia de um contrato coletivo nacional.

Usos e Costumes: para alguns doutrinadores, usos e costumes são iguais; para outros, "usos" vem de uma relação contratual específica, a rigor, é mera cláusula contratual; já o costume é prática habitual adotada no contexto mais amplo, o costume é produzido pelo núcleo social, exemplo da prática da empresa (uso de uniforme), categoria (gorjeta), região (horário de almoço) etc. O CPC (art. 126) e a LICC (art. 4º) não falam em usos.

O costume é exigência social, portanto, autônoma é a fonte, já que advém do comportamento do núcleo social. Falam a doutrina e a jurisprudência em costumes *secundem legem*, *praeter legem* e *contra legem*. Os costumes *contra legem* só subsistem quando não se chocam com as normas proibitivas do Estado (mesmo assim, há sérias polêmicas na doutrina e na jurisprudência — exemplo do vínculo entre o bicheiro e o apostador do bicho). Há ainda exemplo clássico do costume *praeter legem*, que é o do art. 5º da Lei n. 5.589/73 (Estatuto do Trabalhador Rural), ao dispor que em qualquer trabalho contínuo de duração superior a seis horas será obrigatória a concessão de um intervalo para repouso ou alimentação, de acordo com os usos e costumes da região. Pela forte presença da lei e das negociações coletivas, não há grande ocorrência de tal fonte.

1.13. FIGURAS ESPECIAIS

O **laudo arbitral** tem regulamentação específica — Lei n. 9.307/96. No Direito do Trabalho existem expressas referências à figura da arbitragem: art. 114, § 1º da CF/88, Lei de Greve (art. 3º, da Lei n. 7.783/89) e Lei do Trabalho Portuário (art. 23, Lei n. 8.630/93), sendo essa última curiosamente obrigatória.

Em princípio, o laudo arbitral é heterônomo, mas sua formação é autônoma.

Há forte dúvida sobre a compatibilidade da arbitragem com o Direito Individual do Trabalho — ante sua noção de indisponibilidade.

Regulamento Empresarial: conjunto sistemático de regras sobre condições gerais de trabalho. São unilaterais (vontade do empregador) ou bilaterais (vontade de ambos). Contudo, tende a ser produzido só pela vontade provada do empregador. Não se confunde com o quadro de carreira (art. 461, §§ 2º e 3º da CLT), já que é mais amplo que esse, pois os quadros de carreira têm as finalidades específicas de determinados cargos e suas promoções, sendo passível de homologação pela DRT. Importante ainda conhecer a Súmula n. 51 do TST, que trata dos efeitos do regulamento da empresa sobre os contratos em vigor: "I — As cláusulas regulamentares, que revoguem ou alterem vantagens deferidas anteriormente, só atingirão os trabalhadores admitidos após a revogação ou alteração no regulamento. II — Havendo a coexistência de dois regulamentos da empresa, a opção do empregado por um deles tem efeito jurídico de renúncia às regras do sistema do outro."

Jurisprudência: a doutrina discute sua qualidade de fonte. Para alguns, não é um ato criativo (para a teoria mais moderna, sim) e falta-lhe impessoalidade, abstração e generalidade. O art. 8º da CLT diz que é fonte subsidiária. Já a Súmula Vinculante estabelece ser fonte direta, pois obriga aos juízes sua aplicação. Contudo, impressiona a **força** dos julgados do TST. Lembramos que as Súmulas do TST (acima de quatro centenas) têm força determinativa até de admissibilidade, ou não, de recursos, da mesma forma que as Orientações Jurisprudenciais e os Precedentes Normativos (matéria coletiva) fundamentam as decisões do TST e podem também negar seguimento do Recurso de Revista — *vide* art. 896 da CLT. Tais decisões do TST (súmulas, orientações e precedentes) são muitas vezes criticadas por representarem a fossilização do entendimento dos tribunais superiores e pela falta de legitimidade democrática de tais produções, já que não são leis; por outro lado, podem significar importante sentimento de segurança jurídica.

Princípios Jurídicos: matéria a ser tratada. Os arts. 4º da LICC e 8º da CLT os apontam como fonte subsidiária, contudo, como podemos ver, assumem ares de mandamento nuclear de todo um sistema.

Doutrina: não é fonte jurídica para qualquer ramo do ordenamento pátrio. Consiste no conjunto de apreensões e leituras sistematizadas da ordem jurídica pelos juristas e estudiosos do Direito em geral.

Equidade: é a suavização do rigor da Lei. O art. 8º da CLT diz que é fonte subsidiária; pode ser aplicada no procedimento sumaríssimo (art. 852-I da CLT) aqui como fonte direta; além disso, as sentenças normativas prolatadas deverão tomar em avaliação a noção de "salário justo" (art. 766 da CLT). Podemos ainda citar, como exemplos, a fixação da indenização por danos morais

Analogia: é operação lógico-comparativa. O art. 8º da CLT também a coloca como fonte subsidiária. São pressupostos: a) um caso não previsto em lei; b) semelhança entre os casos — o não previsto em lei e o previsto; c) semelhança fundamental e real e não simplesmente acidental entre ambos os casos.

Direito Comparado: é a colaboração buscada no direito de outros países para suprimir possíveis lacunas de nossa legislação; pela realidade vista no art. 8º da CLT, é fonte subsidiária. Um exemplo diz respeito às limitações à dispensa coletiva, inexistente em nossa legislação. Foi usado recentemente no acórdão do recurso ordinário RODC 309/2009-000-15-00, relatado pelo ministro Mauricio Godinho Delgado.

Cláusulas Contratuais: compõem-se de cláusulas concretas, envolvendo apenas as partes contratantes; daí faltar à abstração da lei. No Direito Trabalhista, *vide* o art. 468 da CLT, que impede alterações contra o interesse do empregado.

1.14. HIERARQUIA ENTRE AS NORMAS JUSTRABALHISTAS

Segundo Michel Temer: "Hierarquia, para o Direito, é a circunstância de uma norma encontrar suas nascentes, sua fonte geradora, seu ser, seu engate lógico, seu fundamento de validade numa norma superior."[10]

A Constituição situa-se no vértice da pirâmide, acompanhada das emendas constitucionais. Em seguida, temos as leis complementares, leis ordinárias, leis delegadas, medidas provisórias. Na sequência, os decretos (regulamento normativo) e, sucessivamente, diplomas dotados de menor extensão de eficácia e mais tênues intensidade normativa.

No Direito Laboral, forte é a presença das fontes autônomas.

Pelo princípio da norma mais favorável, a norma que disciplinar uma relação de modo mais benéfico ao trabalhador prevalecerá sobre as demais, sem derrogação permanente, mas mero preterimento, na situação concreta enfocada. Ou seja, a pirâmide hierárquica tem no topo sempre as normas mais favoráveis.

1.15 PRINCÍPIOS DO DIREITO DO TRABALHO — CONCEITO DE PRINCÍPIOS:

Há uma enorme confusão doutrinária sobre o conceito de princípios.

---

(10) TEMER, Michel. *Elementos de direito constitucional.* 10. ed. São Paulo: Saraiva, 1998. p. 84.

Adotamos a orientação filosófica de Miguel Reale, para quem princípios:

São enunciações normativas de valor genérico, que condicionam e orientam a compreensão do ordenamento jurídico, quer para a sua aplicação e integração, quer para a elaboração de novas normas. Cobre, desse modo, tanto o campo da pesquisa pura do Direito quanto o de sua atualização prática.[11]

Desenvolvem, assim, três funções no Direito, participando de todos os estágios da norma jurídica:

— **Função fundamentadora**: ideias básicas que servem de fundamento ao direito positivo — servem de inspiração aos legisladores;

— **Função orientadora da interpretação**: interpretar as normas de acordo com as referidas ideias básicas, com soluções que tendem a ser ágeis e adequadas;

— **Função de fonte subsidiária**: nos casos de lacunas da lei, os princípios atuam como elemento integrador do direito, para fins de supressão de lacunas.

Celso Antonio Bandeira também tem conceito magistral sobre o tema ao definir princípios como "mandamento nuclear de um sistema, verdadeiro alicerce dele, disposição fundamental que se irradia sobre diferentes normas compondo-lhe o espírito e servindo de critério para a sua exata compreensão e inteligência, exatamente porque define a lógica e a racionalidade do sistema normativo conferindo-lhe a tônica que lhe dá sentido harmônico".

É muito importante para o Direito do Trabalho, já que sua emancipação em face do direito civil se deu justamente das reivindicações da classe trabalhadora, que fez surgir tal ramo do direito com espírito tipicamente protetor com vistas a melhorar as condições de vida dos trabalhadores. Damos ênfase principalmente para efeitos de interpretação do Direito Laboral, sendo muito recorrente nas petições e nas decisões.

PRINCÍPIOS JURÍDICOS GERAIS APLICADOS AO DIREITO DO TRABALHO

1 — **Princípio da lealdade e boa-fé**: é na verdade um princípio geral do Direito com repercussão no Direito do Trabalho. Fala-se ainda da "não alegação da própria torpeza". Na simulação bilateral (ex.: o empregado constitui uma empresa e continua a prestar os mesmos serviços), deve ser analisado o contingenciamento da livre vontade obreira. Quando a simulação beneficia o empregado (ex.: dispensa simulada para propiciar o saque do FGTS), não pode o empregado alegar sua própria torpeza para pedir, por exemplo, efeitos decorrentes do mesmo ato irregular. *Vide* ainda o princípio do maior rendimento, obrigação do empregado

---

(11) REALE, Miguel. *Lições preliminares de direito*. 19. ed. São Paulo: Saraiva, 1998. p. 145.

de desenvolver suas energias normais em prol da empresa, prestando serviços, regularmente, disciplinar e funcionalmente — sob pena de justa causa — art. 482, alínea *e* da CLT.

2 — Princípio da razoabilidade: também genérico, ele determina que se obedeça a um juízo tanto de verossimilhança como também de ponderação, sensatez e prudência na avaliação da conduta das pessoas, por exemplo, para se saber se determinada proteção é excessiva a ponto de prejudicar o próprio trabalhador, no momento da fixação dos danos morais, na fixação do total de horas extras de acordo com a média dos depoimentos etc.

3 — *Pacta sunt servanda*: o cumprimento daquilo que foi pactuado.

PRINCÍPIOS ESPECÍFICOS DO DIREITO DO TRABALHO

O **Direito Coletivo**, ao contrário do Individual, é um ramo jurídico construído a partir de uma relação entre seres teoricamente equivalentes: ambos seres coletivos, o empregador, de um lado, e, de outro, o ser coletivo obreiro, mediante as organizações sindicais; são assim diferentes suas categorias teóricas, o processo e os princípios. Portanto, por ora, vamos analisar tão somente os princípios de **Direito Individual Trabalhista**. Seguimos orientação de Plá Rodriguez.[12]

1 — Princípio de Proteção — Visa a retificar (ou atenuar), no plano jurídico, o desequilíbrio inerente ao plano fático do contrato de trabalho. Na verdade, pode-se afirmar que, sem a ideia protetivo-retificadora, o Direito Individual do Trabalho não se justificaria histórica e cientificamente, portanto, a lógica é proporcionar superioridade jurídica à classe trabalhadora para compensar sua inferioridade econômica. Desmembra-se no princípio *in dubio pro operario*, da condição da norma mais favorável ao trabalhador, e no princípio da norma mais favorável.

2 — Princípio *in dubio pro operario* **—** Diante de um texto jurídico duvidoso em sua interpretação, o intérprete deverá escolher a interpretação mais benéfica ao empregado. Atenção: não se aplica tal princípio em relação ao ônus da prova no processo do trabalho. Ademais, alguns doutrinadores aduzem que tal interpretação classista não se coaduna com a principal busca do direito trabalhista, que é a harmonia de classe. Ficamos com a correta interpretação de Tarso Genro: "É evidente que o princípio não pode prevalecer contra clara disposição legal, sob pena de se imaginar o Direito do Trabalho como instrumento de revolucionalização da ordem jurídica, o que seria deixar de compreendê-lo cientificamente."[13]

3 — Princípio da norma mais favorável — Quando duas ou mais normas incidem no caso concreto, independentemente de sua hierarquia, prevalece a mais favorável ao trabalhador.

---

(12) ROBRIGUEZ, Américo Plá. *Princípios de direito do trabalho*. 12. ed., 1987. p. 20 ss.
(13) GENRO, Tarso. *Direito individual do trabalho*. 2. ed. São Paulo, 1987. p. 43.

4 — **Princípio da condição mais benéfica** — Este princípio importa na garantia de preservação, ao longo do contrato, da cláusula contratual mais vantajosa ao trabalhador, que se reveste de caráter de direito adquirido (art. 5º, XXXVI, da CF), seja tácita ou expressa. Tal princípio é incorporado pela legislação (art. 468 da CLT), portanto, as transformações benéficas, ao longo do contrato, aderem em favor do empregado. Difere-se do princípio da norma mais favorável, pois é mais próximo ao cotidiano das relações.

5 — **Princípio da primazia da realidade** — O que interessa é a prática concreta efetivada ao longo da prestação de serviços. Os documentos, as anotações, os murais, as nomenclaturas nunca podem se sobrepor ao que realmente ocorre na prática. Potencializa-se o que também ocorre com o Direito Civil, que para alguns contratos, especialmente os não solenes, procura interpretação mais consentânea com a realidade. De modo que o direito do trabalho admite o contrato de trabalho tácito, declara relação de emprego mesmo que as partes não saibam ou não queiram, presume meramente relativo os recibos salariais e os cartões de ponto; para o enquadramento sindical, prioriza a atividade preponderante do empregador etc. Por exemplo, mesmo havendo documento dizendo que a relação é de autonomia, desde que no cumprimento do contrato despontem, concretamente, todos os elementos fático-jurídicos da relação de emprego — trabalho por pessoa física, com pessoalidade, não eventualidade, onerosidade e sob subordinação —, o vínculo de emprego é reconhecido pela Justiça do Trabalho.

6 — **Princípio da irrenunciabilidade dos direitos trabalhistas — Ou princípio da indisponibilidade ou inderrogabilidade de direitos.** Para alguns doutrinadores, os termos são sinônimos, para outros, não há que se falar em indisponibilidade no campo trabalhista, já que esta não admitiria nem a transação nem a prescrição, ao passo que a irrenunciabilidade admite a prescrição e a transação em Juízo (*res dubia*), e até mesmo a negociação no curso do contrato de trabalho, desde que não ocorra prejuízo ao empregado (art. 468 da CLT). De toda sorte, não pode o trabalhador abrir mão de direitos trabalhistas advindos da legislação trabalhista, ou aqueles ajustados ou aderidos pelas partes desde o início ou durante o contrato — por exemplo, nenhum documento que o empregado assine abrindo mão de direitos tem valor legal. Em suma, existirá presunção de que a vontade do empregado esteja submetida a vícios de consentimento, dada a sua situação de concreta inferioridade perante o empregador. Outra questão é ainda a possibilidade da norma coletiva transacionar direitos dentro dos limites impostos pela lei. A matéria é polêmica e será desenvolvida quando tratarmos dos direitos coletivos.

7 — **Princípio da continuidade da relação de emprego** — Informa tal princípio que é de interesse do Direito do Trabalho a permanência do vínculo empregatício, com a integração do trabalhador na estrutura e dinâmica empresarial, à guisa da elevação dos direitos trabalhistas, no investimento educacional e profissional e

na afirmação social do indivíduo favorecido por esse longo contrato. Destarte, há presunções da continuidade do contrato, lançando ao ônus da defesa a prova de ruptura do vínculo empregatício, *vide* Súmula n. 212 do TST. Há, mesmo assim, presunção ainda que o contrato seja de tempo indeterminado, podendo ser por tempo determinado somente em hipótese definida pelo art. 443 da CLT ou por leis dispersas (ex.: trabalho provisório — Lei n. 9.601/98). *Vide* ainda a sucessão de empregadores — arts. 10 e 448 da CLT —, admitindo a continuidade do contrato de trabalho mesmo com mudanças na empresa, as exigências da lei para admitir a validade dos contratos temporários, a necessidade de o empregador provar os fatos da justa causa aplicado ao empregado etc.

Alguns autores se referem também a princípios que favorecem o empregador. Exemplo do **princípio da conservação da empresa,** usado para evitar o colapso do empreendimento (*vide* a possibilidade de diminuição de salários através de acordos e convenções coletivas) ou no momento total da crise (no caso de falência, há limites na aplicação das leis trabalhistas); fala-se ainda no **princípio da gestão**, em exemplos dos poderes de direção do empregador e do *jus variandi*.

1.16. INTERPRETAÇÃO DO DIREITO DO TRABALHO

Interpretar é buscar entre os diversos significados possíveis da regra aquele mais consistente. A palavra "hermenêutica" vem da mitologia grega: Hermes interpretava as mensagens dos deuses, sendo ligação entre eles e os humanos.

Amauri Mascaro Nascimento alerta que "não foi possível ao direito do trabalho ainda elaborar uma teoria de interpretação, de modo que a contribuição doutrinária é restrita".[14] Da mesma forma, aduz Mauricio Godinho Delgado que "a interpretação do Direito do Trabalho seguramente se submete às linhas gerais básicas que a Hermenêutica Jurídica traça para qualquer processo interpretativo do fenômeno jurídico".[15]

Não obstante, como vimos, os princípios específicos do Direito do Trabalho possuem importante função na interpretação, em especial o princípio *in dubio pro operario*. Aliás, o mesmo se aplica ao direito material. Não se aplica, contudo, quando da análise das provas judiciais. Em consequência, havendo dúvida do juiz em face do conjunto probatório existente e das presunções aplicáveis, ele deverá decidir em desfavor da parte que tenha o ônus da prova naquele tópico duvidoso, e não segundo uma parêmia genérica do tipo *in dubio pro operario*.

Sobre demais aspectos da interpretação, podemos seguir as noções tradicionais aplicáveis a todas as disciplinas jurídicas. Assim sendo, temos que, quanto ao

---

(14) NASCIMENTO, Amauri Mascaro. *Op. cit.*, p. 234.
(15) DELGADO, Mauricio Godinho. *Op. cit.*, p. 302.

sujeito, a interpretação pode ser *legislativa ou autêntica* (quando feita pelo legislador — o que é mais raro); *jurisprudencial* (feita pelo juiz) ou *doutrinal* (feita pelos estudiosos).

Quanto aos **meios**: *gramatical* (sentido literal da norma); *lógico* (raciocínio lógico para compreender seu sentido), *histórico* (dividindo-se em *ocasio legis*, que é a investigação do momento do surgimento da lei, e em *ratio legis*, para captar suas razões); e *teleológico* (adaptar a norma ao seu fim social).

Quanto aos **resultados**: *declarativos* (coincide com o sentido das palavras do texto legal); *extensivo* (amplia o sentido da norma); e *restritivo* (restringe o significado da norma).

1.17. INTEGRAÇÃO DO DIREITO DO TRABALHO

Integração é o fenômeno pelo qual a plenitude da ordem jurídica é mantida sempre que inexistir uma norma jurídica prevendo o fato a ser decidido. Portanto, trata-se do processo do preenchimento das lacunas.

O Processo Civil soluciona a questão da seguinte forma:

> Art. 126. O juiz não se exime de sentenciar ou despachar, alegando lacuna ou obscuridade da lei. No julgamento da lide caber-lhe-á aplicar as normas legais; não as havendo, recorrerá à analogia, aos costumes e aos princípios gerais do direito.

Como já vimos, bem mais ampla é a CLT em seu art. 8º. Portanto, na falta de lei ou de contrato, poderá o intérprete se apoiar na autointegração (jurisprudência ou analogia) ou na heterointegração (equidade, princípios gerais do direito, usos ou costumes ou direito comparado).

1.18. APLICAÇÃO DO DIREITO DO TRABALHO NO TERRITÓRIO, NO TEMPO E NO ESPAÇO

No **território**, temos que a legislação do Direito do Trabalho regula toda a relação de emprego no território nacional, sendo da competência privativa da União Federal — art. 22, I, e parágrafo único da CF/88; lei complementar poderá autorizar os Estados a legislar sobre questões específicas, *vide* a Lei Complementar n. 103/00, que autorizou a fixação do piso salarial de categoria profissional a que se refere o art. 7º, V, da CF/88 por Estado, que se materializou no Rio de Janeiro.

No **tempo**, aplica-se o **princípio da irretroatividade**, já que a lei nova não se aplica aos contratos de trabalho já terminados e aos atos jurídicos já praticados; e o **princípio do efeito imediato**, que determina que os atos jurídicos são praticados de acordo com a lei em vigor (ex.: as férias são concedidas de acordo com a norma em vigor, independentemente de se tratar de período anterior), aliás, é normal que se aplique, pelo seu caráter imperativo, os novos dispositivos legais aos contratos de trabalho em curso. Podemos ainda incluir o **direito adquirido**, cujo exercício não depende de qualquer requisito, estando já incorporado ao seu titular.

É bem verdade que veremos situações que podem mudar: o empregado deixa de receber determinado adicional, já que não trabalha mais em determinada condição, ou deixa de receber determinado direito que o acordo ou a convenção coletiva não mais contempla etc. Mas isso merece estudo cauteloso, como faremos ao longo do curso.

No **espaço**, temos o **princípio da territorialidade**, conforme dispõe o art. 198 do Código de Bustamante, ratificado pelo Brasil, e a Súmula n. 207 do TST, que transcrevemos:

> A relação jurídica trabalhista é regida pelas leis vigentes no país da prestação de serviço, e não por aquelas do local da contratação.

Registra-se, ainda, que o Direito do Trabalho brasileiro tem diploma específico tratando da aplicação de lei estrangeira, que é a já vista Lei n. 7.604/82, que, com as alterações advindas da Lei n. 11.962/2009, passou a ser aplicada a todos os trabalhadores contratados no Brasil ou transferidos por seus empregadores para prestar serviço no exterior. Aplica-se, na prática, a tais trabalhadores o princípio da norma mais favorável, de acordo com a realidade de cada instituto (ex.: comparação da jornada de trabalho, da remuneração etc.). É o princípio do conglobamento mitigado.

Explicando melhor, muitas vezes, temos de comparar dois textos legais para ver qual é o melhor para o trabalhador. Surge, então, três teorias:

Acumulação *versus* Conglobamento: a **teoria da acumulação** propõe como procedimento o fracionamento do conteúdo dos textos normativos, retirando-se dos preceitos e dos institutos singulares de cada um os trechos que se destacam, por seu sentido, mais favoráveis ao trabalhador.

Pela **teoria do conglobamento**, aplica-se o instrumento jurídico que, no seu conjunto, for mais favorável ao trabalhador; ou seja, aplica-se a convenção coletiva ou o acordo coletivo no seu conjunto. A teoria do **conglobamento mitigado** entende que na comparação prevalece a lei mais favorável ante a comparação concreta sobre cada instituto ou matéria. A Lei n. 7.064/82 dispõe "a aplicação da legislação brasileira de proteção ao trabalho, naquilo que não for incompatível com o disposto nesta Lei, quando mais favorável do que a legislação territorial, no conjunto de normas em relação a cada matéria".

Portanto, com o advento da Lei n. 7.064, podemos dizer que o critério normativo da Súmula n. 207 do TST, exclusivamente da territorialidade e até esvaziado, no nosso sentir, que predomina agora é o princípio da norma mais favorável.

Quanto aos empregados de navios e aeronaves, o princípio dominante é o do pavilhão, isto é, o da aplicação da lei local da matrícula, como, aliás, se infere do Código de Bustamante e das Convenções internacionais (ns. 53 a 57, 68 a 73, 75, 76, 91 e 93), sendo que os navios e aeronaves são considerados estabelecimentos unitários e extensão da empresa.

Outro aspecto: quando o trabalhador labora em diversos países é tendência que se aplique a lei territorial do local em que esteja efetivamente subordinado.

Sobre o trabalho do estrangeiro no Brasil, devemos relembrar que a Constituição de 1988, art. 5º, declara que "todos são iguais perante a lei, sem distinção de qualquer natureza, garantindo-se aos brasileiros e aos estrangeiros residentes no País a inviolabilidade do direito à vida, à liberdade, à igualdade, à segurança e à propriedade".

Contudo, de acordo com a CLT (art. 359), nenhuma empresa poderá admitir a seu serviço empregado estrangeiro, sem que este exiba a carteira de identidade de estrangeiro devidamente anotada, e é obrigada a assentar no registro de empregados os dados referentes à nacionalidade e o número da respectiva carteira de identidade. Ademais, para o estrangeiro trabalhar em nosso território é necessário o visto competente, e assim mesmo ocorrerá vedações advindas da Lei n. 6.815/80 (Estatuto do Estrangeiro).

Há ainda o chamado trabalho do fronteiriço, quando o trabalhador residente em um país exerce o trabalho em outro, possibilidade prevista pelo art. 21 da Lei n. 6.815/80 e que se aplica a lei da execução dos serviços. Há ainda trabalhadores que são excluídos da legislação trabalhista pátria, exemplos de serviçais estrangeiros que trabalham para estrangeiros (art. 104, § 3º, da Lei n. 6.815/80) e de técnicos estrangeiros (Decreto-Lei n. 691/69) — se atendidas as condições da Resolução Normativa n. 61/2004, que permite o pagamento em moeda estrangeira, o que é uma exceção, já que nosso ordenamento veda tal prática, como veremos ao estudar o salário.

Relação de emprego

2.1. CARACTERIZAÇÃO E REQUISITOS

O Direito Individual do Trabalho tem suas regras, seus princípios e institutos fincados na relação de emprego. É de suma importância diferenciar relação de emprego de relação de trabalho. Assim, podemos considerar que a relação de trabalho é **gênero** que engloba todas as relações advindas do trabalho humano. Portanto, além da relação de emprego, a relação de trabalho vai englobar o trabalho autônomo, eventual, do estagiário, beneficente etc. Ademais, a relação de emprego (alguns chamam também de contrato de trabalho) assume assaz importância no mundo capitalista, superando as demais relações pela sua posição socioeconômica e pelo universo jurídico volumoso que acaba por produzir.

A **CLT**, objetivamente, aponta os elementos fáticos-jurídicos ou pressupostos, no seu *caput* do **art. 3º**: "Considera-se empregado toda pessoa física que prestar serviços de natureza não eventual a empregador, sob a dependência deste e mediante salário." Deve-se, ainda, acrescentar o estipulado pelo *caput* do **art. 2º** da mesma Consolidação: "Considera-se empregador a empresa, individual ou coletiva, que, assumindo os riscos da atividade econômica, admite, assalaria e dirige a prestação pessoal de serviços."

Não há exigência de **exclusividade**, ou seja, desde que compatível com o horário ou que não produza concorrência desleal, pode o empregado ter mais de um emprego.

Em suma, somente a conjunção de todos os elementos mencionados pela lei permite definir se existe a relação de emprego no caso concreto, trabalho investigatório, de que se vale o juiz do trabalho, para definir a procedência ou não do requerimento de vínculo de emprego. Passaremos a analisar tais características, que são sempre perquiridas quando o trabalhador requer o reconhecimento de vínculo de emprego na Justiça do Trabalho:

A — TRABALHO POR PESSOA FÍSICA: Porque os bens tutelados pelo Direito do Trabalho (jornada, salários, férias, higiene, segurança) importam à pessoa física, ou seja, a rede de segurança existente é para proteção do ser humano.

B — PESSOALIDADE: Porque o trabalho tem de ser prestado pela pessoa que foi contratada — *intuitu personae,* ou seja, tem de prestar trabalho para seu empregador —, obrigação de fazer infungível, admitindo-se, contudo, uma eventual substituição quando o próprio empregador a autoriza tácita ou expressamente. Aliás, para algumas categorias, como as de músicos, médico, vigilante e segurança, tal prática é muito comum, ou seja, substituições eventuais nas ausências do empregado. A morte do empregado dissolve o contrato. Já a morte do empregador não dissolve ante a sua despersonalização. Há, contudo, as exceções do art. 485 da CLT (morte da empresa = extinção da empresa) e do art. 483, § 2º, que possibilita a rescisão do contrato pelo empregado ante a morte do empregador constituído em empresa individual. Embora raro, a doutrina aduz que em certos casos ainda há *intuito personae* para o empregador. É o caso do empregado que só celebrou o contrato ante a figura do empregador (uma secretária de um profissional liberal) ou do jornalista que trabalha para determinado jornal pela sua opção ideológica. Contudo, são exceções que só confirmam o senso comum em comento e raríssimo exemplo de jurisprudência.

C — NÃO EVENTUALIDADE: Sem dúvida, a mais complexa. Temos quatro teorias: *teoria da descontinuidade,* que informa que o trabalho que se fracione no tempo perde o caráter de fluidez temporal necessária; teoria do evento, que admite que é eventual o trabalhador admitido em virtude de um determinado e específico fato; a teoria da *fixação jurídica,* que considera eventual o trabalhador que não se fixa numa fonte de trabalho, exemplo do "boia-fria" e do chapa (ajudante de carga e descarga em caminhões e a diarista que vai de vez em quando fazer a limpeza da residência); por fim, o conceito mais aceito, que é a teoria dos *fins do empreendimento* (*ou fins da empresa*), que afirma que é eventual o trabalhador chamado a realizar tarefa não inserida nas necessidades permanentes da empresa; portanto, desde que o serviço não seja excepcional ou transitório em relação à atividade do estabelecimento, mesmo que prestados em poucas horas ou em curta duração de tempo, será considerada a não eventualidade e o prestador poderá ser considerado empregado.

Nenhuma delas está infensa às críticas. Devemos ainda conhecer o pensamento de Evaristo de Moraes Filho: "a intenção das partes é da maior importância (art. 85 do C. Civil), bem sabem elas, ambas, se se trata de um serviço eventual ou não (...)"[16], e também de Vilhena: "A expectatividade, que é suposto subjetivo da maior significação, mas que é perfeitamente avaliável como situação jurídica tácita

---

(16) MORAES FILHO, Evaristo de. *Introdução ao direito do trabalho.* 13. ed. São Paulo: LTr, 1981. p. 56.

e objetivamente configurada, constitui elemento de convencimento da existência de trabalho permanente e necessário."

É importante ainda a colaboração da doutrina italiana em sua curiosa classificação, já que chamam de empregados *adventícios* aqueles que, mesmos indispensáveis à atividade da empresa, só trabalham em períodos necessários; *estacional* é o adventício com a peculiaridade da vinculação a certas estações do ano; por fim, *efetivo* é aquele vinculado como elemento normal da empresa que trabalha sem períodos fracionados.

D — ONEROSIDADE: No plano objetivo, há onerosidade ante a prestação, pelo empregador, de salário em dinheiro ou utilidades. Na dimensão subjetiva significa que tal foi a intenção, embora não tenha, por exemplo, nada percebido o empregado — exemplo raro, mas possível. Se não há onerosidade, como no caso do trabalho beneficente, não há relação de emprego.

E — SUBORDINAÇÃO: O empregado acolhe o poder de direção do empregador (dirigir, fiscalizar e punir). Como sinônimo, a CLT usa a expressão **dependência**. A natureza jurídica não é a dependência econômica (pode, por exemplo, o empregado sequer ser economicamente dependente do empregador, portanto, o termo é generalidade sociológica) nem técnica (um empregado especializado pode ter o domínio total das operações fabris), mas sim, meramente contratual (como a prestação do trabalho não se separa da figura do empregado, este se compromete a cumpri-lo de forma subordinada). Diga-se ainda que, quanto aos empregados mais intelectualizados, a subordinação se rarefaz, tornando mais difícil analisar se ela ocorre ou não. Na prática, são importantes indícios o fato de o trabalhador ter horário de trabalho, exigência de produção, de usar uniforme, receber ordens diretas do empregador, trabalhar de forma exclusiva para o empregador etc.

Podemos acrescentar que pode ocorrer também subordinação jurídica mesmo quando o empregado não tem contato pessoal com o empregador ou sendo esse raro, já que dispõe o § único do art. 6º da CLT que: "Os meios telemáticos e informatizados de comando, controle e supervisão se equiparam, para fins de subordinação jurídica, aos meios pessoais e diretos de comando, controle e supervisão do trabalho alheio."

F — ALTERIDADE: Alguns autores ainda usam tal característica, que significa que os riscos da atividade econômica pertencem única e exclusivamente ao empregador; daí os direitos trabalhistas são sempre devidos, independentemente de um possível fracasso da empresa. Alguns não utilizam tal critério, já que a exploração de atividade econômica não é própria para todos os empregadores, *vide* a hipótese do empregador público ou doméstico. Outra característica própria, advinda do autor espanhol Alonso Olea, é a *ajenidad* ou alienidade, que significa que o trabalho é uma conduta desenvolvida no interesse do credor.

2.2. NATUREZA JURÍDICA DO CONTRATO DE TRABALHO: Debates existem sobre a natureza jurídica do contrato de trabalho, com escolas nas vertentes contratualistas e acontratualistas, a saber:

A — Teoria do Arrendamento: Porque inclui o contrato empregatício como locação ou arrendamento. Sofre a influência do Direito Romano (*locatio operis* e *operarum*) e das legislações civilistas advindas da modernidade (*vide* art. 1.220, CCB/1916; art. 598, CCB). Sofre críticas, pois seus traços de locação não se coadunam com a rede de proteção que ocorre na relação empregatícia.

B — Teoria da compra e venda: Porque entende que o empregado vende sua força de trabalho (inclusive é o entendimento da escola marxista). Sofre crítica ante a continuidade da relação de emprego, ademais pelo fato de o empregado se comprometer com a obrigação de fazer (prestar serviço) e não de dar.

C — Teoria do Mandato: Porque se enfoca no caráter fiduciário das partes. Sofre críticas, já que tal elemento só é marcante nos chamados cargos de confiança e em certos trabalhos altamente qualificados.

D — Teoria da Sociedade: Porque se enfoca na existência de um suposto interesse comum em direção à produção. Sofre críticas porque o *affectio societatis* (assunção de riscos) não é traço comum no contrato de trabalho, já que o empregado não assume os riscos do empreendimento do patrão.

E — Teoria Contratualista Moderna: Porque afirma que o elemento *vontade* é essencial à configuração da relação de emprego. Portanto, como diz Delgado: "Trata-se de relação contratual que tem por objeto uma obrigação de fazer (*obligatio faciendi*) prestada por uma pessoa humana com não eventualidade, onerosidade, de modo subordinado e em caráter de pessoalidade (*intuitu personae*) no que tange ao prestador de trabalho."[17] Sofre as críticas das teorias acontratualistas que negam qualquer relevância para a *vontade* na formação e no desenvolvimento da relação empregatícia.

F — Teoria da Relação de Trabalho: Também denominada de **contrato-realidade** (Mario de La Cueva), porque enfoca a situação jurídica objetiva, ou seja, independente da vontade, ocorrer o trabalho subordinado; independentemente do ato ou da causa de sua origem e destinação ocorre a relação de emprego sempre que presentes as características acima vistas. Sofre críticas, *vide* Delgado: "A tese, entretanto, não se harmoniza com a lei brasileira, dado considerar a CLT como 'de serviço efetivo o período em que o empregado esteja à disposição do empregador aguardando ordens (...)'."[18] Na mesma linha, contrária à tese de M. de La Cueva,

---

(17) DELGADO, Mauricio Godinho. *Op. cit.*, p. 203.
(18) *Ibidem*, p. 309.

os conceitos de tempo residual na jornada registrada nos cartões de ponto e tempo *in itinere* — art. 58, §§ 1º e 2º da CLT.

G — Teoria Institucionalista: Porque compreende a empresa como uma instituição, um corpo social que se impõe objetivamente; independentemente da vontade de seus membros, o trabalhador faz parte da coletividade que está a serviço dos interesses da instituição. A teoria é criticada sob o argumento de que o caráter consensual do contrato de trabalho afasta qualquer perfil institucionalista ou estatutário.

No **Brasil**, temos a seguinte definição no art. 442 da CLT: "contrato individual de trabalho é o acordo tácito ou expresso correspondente à relação de emprego". O que revela composição entre as vertentes contratualista moderna e a teoria da relação de trabalho.

2.3. *RELAÇÕES DE TRABALHO* LATO SENSU

São várias as relações jurídicas de trabalho que se assemelham a de emprego, mas com esta não se confunde, seja porque faltam os elementos (ex.: autônomo) para sua caracterização, seja porque há algum excludente legal que inviabiliza sua classificação legal como de vínculo de emprego (ex.: estagiário). Passamos assim para a devida análise de tais figuras:

A — VINCULAÇÃO ADMINISTRATIVA: É o servidor público submetido ao regime estatutário ou ainda sob o vínculo denominado função pública. É evidente que não está se falando aqui do servidor celetista, isto é, aquele contratado por entidade estatal através do sistema jurídico da CLT e que é, portanto, empregado.

B — ESTAGIÁRIO: Pode o estagiário preencher todos os requisitos de vínculo empregatício, contudo, resolveu o legislador não conhecer o vínculo de emprego para alargar as possibilidades de aumento, incentivo, para a concessão de estágios, porém, não cumpridas as ordens legais, poderá até ocorrer o reconhecimento de um vínculo de emprego. Lembrando que o estágio é uma complementação de estudos, daí ser o estagiário o destinatário principal dessa relação.

Atualmente, a **Lei n. 11.788/2008** cuida da matéria. Como bem salienta Amauri Mascaro Nascimento: "Trata-se de uma relação jurídica triangular que tem como centros de imputação da norma jurídica o estagiário, a instituição escolar, a empresa concedente — assim denominada aquela em que o estágio é feito — e, quando participa da aproximação entre o estagiário e a empresa concedente, o agente de integração (ex.: CIEE)."[19] Tal relação se formaliza com o **termo de estágio**.

---

(19) NASCIMENTO, Amauri Mascaro. *Op. cit.*, p. 402.

A sua duração máxima passou a ser de dois anos (não se aplica ao portador de deficiência). A jornada máxima é de seis horas reduzida para quatro aos estudantes da educação especial e dos anos finais do ensino fundamental. Corretamente a lei ainda determinou a redução da carga horária pelo menos na metade dos períodos de avaliação escolar. Contudo, lamentavelmente, a lei nada fala sobre intervalos na jornada.

São ainda direitos dos estagiários: recesso anual de trinta dias, para cada ano de estágio; vale-transporte; seguro contra acidentes pessoais, cuja apólice deverá observar os valores de mercado: bolsa ou outra forma de contraprestação ajustada com o estagiário; e inscrição facultativa no INSS.

A instituição de ensino tem responsabilidades como: celebrar o termo de compromisso; fiscalizar o estágio; exigir relatório de estagiários etc.

A empresa concedente do estágio tem também responsabilidades como: a obrigação de celebrar termo de compromisso com a instituição de ensino e o educando; zelar pelo cumprimento do estágio; zelar em suas instituições por normas de higiene e segurança etc.

C — COOPERADO: Dispõe o art. 442, parágrafo único, da CLT, ante novidade da Lei n. 8.949, a legalidade das chamadas cooperativas de mãos de obra. Contudo, conforme reage a doutrina e jurisprudência, é preciso combater as fraudes das falsas cooperativas, *vide* Delgado: "O objetivo da lei foi retirar do rol empregatício relações próprias às cooperativas — desde que não comprovada a roupagem ou utilização meramente simulatória de tal figura jurídica."[20] Ainda seguindo Delgado, exigem-se dois princípios próprios para análise da lisura de tais cooperativas, a saber: *princípio da dupla qualidade*, que é quando o associado é um dos beneficiários centrais dos serviços da cooperativa (ex.: das cooperativas dos taxistas, dos médicos, artesãos etc.); o outro é o *princípio da retribuição pessoal diferenciada*, no sentido de que a cooperativa tem como fundamento permitir que o autônomo, se cooperado, tenha a potencialidade de ganhos maior do que se estivesse trabalhando sozinho.

D — TRABALHADOR AUTÔNOMO: É uma das figuras que tem maior extensão e generalidade. Falta a ela, em comparação ao contrato de trabalho, o elemento fático-jurídico da subordinação, ademais pode até ocorrer a fungibilidade da pessoa física do prestador de serviços, ou seja, poderão ser prestados os serviços por outro. Temos como exemplos a autonomia do médico, do advogado, do contador, do *personal trainer*, do pedreiro, do carpinteiro etc., mas sempre lembrando que mais importante do que a profissão é definir a forma de desenvolvimento da prestação. Nota-se ainda que o risco da prestação em desenvolvimento é

---

(20) DELGADO, Mauricio Godinho. *Op. cit.*, p. 98.

do prestador, ao contrário do trabalho assalariado, em que o risco é exclusivo do empregador — art. 2º da CLT.

E — TRABALHADOR EVENTUAL: Ele poderá conter todos os elementos do contrato de trabalho, com exceção do elemento não eventualidade. Alguns apontam como um "subordinado de curta duração". Muitas vezes, não é tarefa fácil o julgador trabalhista definir se existe ou não vínculo de emprego, tendo que optar por uma das teorias acima descritas.

F — TRABALHADOR AVULSO: A definição de trabalhador avulso é: aquele que, sindicalizado ou não, presta serviços de natureza urbana ou rural, sem vínculo empregatício, a diversas empresas, com intermediação obrigatória do sindicato da categoria ou do órgão gestor de mão de obra (art. 9º, VI, do Decreto n. 3.049/99). Os mais conhecidos são os trabalhadores da orla marítima e portuária (operadores de carga e descarga, conferentes, arrumadores de mercadoria etc.) e que têm sua força de trabalho ofertada através da entidade sindical, sendo que a partir da **Lei n. 8.630/93, art. 13**, tal intermediação passou a ser feita pelo chamado OGMO, portanto, a intermediação do sindicato deixou de ser um elemento caracterizador de tal figura — a entidade sindical apenas representa hoje os interesses da categoria.

Por sua vez, a **Lei n. 12.023/2009** cuidou também dos trabalhadores avulsos não portuários, conhecidos muitas vezes como "chapa", sendo que, em seu art. 1º, torna obrigatória a intermediação do sindicato da categoria, por meio de acordo ou convenção coletiva, para a execução das atividades de movimentação de mercadorias. Assinala tal lei que a remuneração deverá registrar: repouso semanal remunerado, FGTS, 13º salário, férias remuneradas mais 1/3, adicional de trabalho noturno e adicional de trabalho extraordinário. Destarte, em face de tal quadro, definimos o trabalhador avulso como aquele que a rigor presta seus serviços de forma não pessoal, já que o tomador contrata o serviço por intermédio da entidade sindical ou do OGMO.

A Constituição Federal de 1988 consolidou os direitos que a categoria, muito ativista, já tinha conquistado, ou seja, determinou a igualdade de direitos entre o trabalhador com vínculo empregatício e o trabalhador avulso (art. 7º, XXXIV, da CF/88). Ocorre que tais direitos são mitigados; por exemplo, não podemos falar de estabilidade no emprego se o avulso não é empregado.

G — TRABALHADOR VOLUNTÁRIO: A **Lei n. 9.608/98** regula a matéria. Há ânimo de a pessoa cumprir alguma prestação laboral em condições de benevolência, que têm como tomador uma entidade pública ou privada de qualquer natureza, mas sempre sem fins lucrativos. Não caracteriza pagamento o ressarcimento de despesas do prestador. Além disso, o serviço voluntário será exercido mediante a celebração de termo de adesão entre a entidade e o prestador, dele devendo constar o objeto e as condições de seu exercício. Para nós, tal exigência da lei foi desnecessária, até porque certas relações de trabalho voluntário são assaz espontâneas, sendo um exagero não considerá-las assim por falta de tal formalidade.

2.4. O EMPREGADO

Já analisamos que o conceito legal de empregado insere-se na realidade dos arts. 2º e 3º da CLT. Alguns empregados merecem tratamento diferenciado pela legislação trabalhista. Vamos analisar, senão todos, os que mais se destacam:

A — EMPREGADOS DE FORMAÇÃO INTELECTUAL: A Constituição Federal de 1988 proíbe distinção entre trabalho manual, técnico ou entre os profissionais respectivos (art. 7º, XXXII, da CF/88). Porém, ante as especificidades de suas tarefas, temos que as leis profissionais estipulam ordenamentos jurídicos próprios sem que isso contrarie o princípio isonômico acima visto; exemplos: médicos e cirurgiões-dentistas (Lei n. 7.217/84); jornalistas (CLT, art. 302); professores (CLT, arts. 317 a 324); advogados (Lei n. 8.906/94); engenheiros, arquitetos, agrônomos e veterinários (Lei n. 4.950 A/66) etc.

B — ALTOS EMPREGADOS (OU EMPREGADOS DE CONFIANÇA): São ocupantes de posições internas de chefias, funções de gestão ou outros cargos de elevada fidúcia. Mario de La Cueva se refere como aqueles que "exercem funções de confiança cujo exercício coloca em jogo a própria existência da empresa". Por seu turno, Mascaro Nascimento afirma que "o empregado exercente de cargo de confiança só pode ser considerado um tipo especial num ponto, a restrição de direitos trabalhistas que sofre".[21]

A primeira regra a ser analisada é a do cargo, ou função, de confiança, ou gestão, estipulado pelo art. 62 da CLT, que, ao estipular o controle de jornada, aduz que não são abrangidos *os gerentes, assim considerados os exercentes de cargos de gestão, aos quais se equiparam, para efeito do disposto neste artigo, os diretores e chefes de departamento ou filial*; aduz ainda, como requisito, distinção remuneratória, à base de, no mínimo, 40% a mais do salário do cargo efetivo (considerada a gratificação de função). Pelo visto, para tais empregados não há mais exigência de mandato, como a lei há pouco tempo previa. Portanto, exige apenas poderes de gestão, ou seja, permissão para dar ordens a subordinados ou assumir em seu nome obrigações para a empresa.

Para tais empregados, destaca-se, além da falta do controle de jornada e correlato pagamento de extras e de adicional noturno, a possibilidade de serem revertidos ao cargo anterior, com perda da função, a menos que a receba por dez ou mais anos (Súmula n. 372, I, do TST); podem ainda ser transferidos independentemente de sua vontade (art. 469, § 1º, da CLT, c/c Súmula n. 43 do TST).

---

(21) NASCIMENTO, Amauri Mascaro. *Op. cit.*, p. 324.

A outra regra é específica da categoria bancária, pois que o art. 224, § 2º, da CLT fala dos que "exercem funções de direção, gerência, fiscalização, ou que desempenhem outros cargos de confiança, desde que o valor de gratificação não seja inferior a um terço do salário do cargo efetivo", quando, então, a jornada será de oito horas, e não de seis horas — que é a jornada padrão da categoria bancária, *vide* o *caput* do referido artigo.

Explica Carrion que a "expressão cargo de confiança não tem aqui o alcance próprio que se lhe dá habitualmente no direito do trabalho, aquele cujo ocupante substitui o empregador perante terceiros (...) Isso é evidente não só porque o texto legal menciona funções que não são de confiança no sentido restrito, mas porque o legislador acrescentou 'e outros' (...) A exceção aberta impede apenas a aplicação da jornada reduzida que prevista, (...) salvo quanto ao gerente da agência (gerente titular — art. 62 da CLT)".[22]

Ademais, é possível que outros profissionais bancários estejam enquadrados, por seus amplos poderes, nos requisitos do art. 62 da CLT.

C — EMPREGADOS DIRETORES: São os diretores das sociedades anônimas. Possuem soma de poderes de mando, gestão, representação, concentrando em sua pessoa o núcleo básico e central do processo decisório cotidiano da organização da empresa. Podem ser recrutados externamente como empregados, ou não, sendo certo que dispõe a Súmula n. 269 do TST que "o empregado eleito para ocupar cargo de diretor tem o respectivo contrato de trabalho suspenso, não se computando o tempo desse período, salvo se permanecer a subordinação jurídica inerente à relação de emprego".

D — EMPREGADO SÓCIO: A pessoa jurídica é entidade distinta de seus membros, daí a possibilidade de o sócio, via de regra, também ser empregado, contudo, é, por si, incompatível na sociedade em nome coletivo (art. 1.039 do CCB/2002), e, do sócio comanditado, nas sociedades em comandita simples (art. 1.045 do CCB/2002), e nas sociedades informais (arts. 986 a 990 do CCB/2002), ante a responsabilidade ilimitada dos sócios em tais sociedades. Há sempre de se analisar em cada caso concreto se ocorre a chamada sociedade por simulação, encobertando real vínculo de emprego.

E — EMPREGADO DOMÉSTICO: A Lei n. 5.859/72 define empregado doméstico como "aquele que presta serviços de natureza contínua e de finalidade não lucrativa à pessoa ou à família, no âmbito residencial destas". É da natureza do doméstico a elevada fidúcia e a intenção onerosa.

---

(22) CARRION, Valentin. *Comentários à Consolidação das Leis do Trabalho*. São Paulo: Saraiva, 2004. p. 231.

Alguns **aspectos** devem ser mencionados:

— a lei fala no *âmbito residencial*, o que não quer dizer que seja dentro do imóvel, portanto, os jardineiros ou motoristas podem executar serviços externos e ser considerados domésticos;

— não há vínculo de emprego, segundo jurisprudência dominante, entre marido e mulher, pelo caráter societário de tal relação, mas pode ocorrer entre parentes;

— quando a lei fala em "natureza contínua", para alguns intérpretes nada se diferencia da não eventualidade do art. 3º da CLT; para outros, a lei exige efetiva continuidade, daí excluir a chamada diarista doméstica, que labora em distintas residências, vinculando-se a cada uma delas apenas uma ou duas vezes por semana; jurisprudência do TST vem fixando de forma objetiva que a diarista que labora em três vezes na semana não tem vínculo de emprego;

— os serviços prestados não podem constituir fator de produção para aquele (pessoa ou família) que deste se utiliza;

— sobre a natureza do serviço prestado, há que ressaltar que a legislação não discrimina, especifica ou restringe o tipo de serviço a ser prestado; assim, pode ser de natureza intelectual ou braçal;

— é possível os serviços domésticos em uma república estudantil, mas não em um pensionato (lucro);

— os empregados de condomínios não são domésticos — Lei n. 2.757/56;

— a morte do empregador tende a extinguir a relação de emprego (quando é pessoa física);

— não há alteração subjetiva do contrato (ou sucessão trabalhista — arts. 10 e 448 da CLT, já que tais artigos utilizam o termo "empresa" ao tratar do tema);

— são residências a casa de campo, a casa de praia, um barco em que os ocupantes residem ou passam finais de semana e feriados, além de outros gêneros;

— a jurisprudência trabalhista sustenta a impossibilidade de negociação coletiva por falta de previsão legal;

— as agências especializadas na indicação de empregadas domésticas, conforme previsto na Lei n. 7.195/84, são civilmente responsáveis pelos atos ilícitos cometidos pelos domésticos;

— a impenhorabilidade dos bens de família (Lei n. 8.009/90) não se aplica às dívidas com os empregados domésticos;

— a jurisprudência sustenta que não se aplica ao doméstico os dispositivos legais relativos ao acidente de trabalho por falta de previsão legal, ou seja, o § 1º do art. 13 da Lei n. 8.231/91 não admite o direito ao auxílio-acidente, auxílio-doença-acidentário ou à aposentadoria por invalidez acidentária, contudo, o empregador poderá ser responsabilizado se ocorrer sua culpa no sinistro.

Sobre os direitos, temos que a **CF de 1988** garantiu: salário mínimo, irredutibilidade de salário, 13º salário, repouso semanal remunerado, preferencialmente aos domingos, férias mais 1/3, licença à gestante, licença paternidade, aviso prévio e aposentadoria.

Contudo, o Brasil, em 13.7.2011, assinou convenção internacional, no âmbito da OIT (Organização Internacional do Trabalho), que cria verdadeira revolução no instituto do trabalho doméstico, já que foi previsto sua equalização aos direitos dos demais trabalhadores. Destarte, a CF necessita de alteração, e com certeza uma nova realidade se abrirá para tais trabalhadores. Portanto, devemos aguardar para saber como disporá a legislação pátria diante do novo comando internacional a ser seguido.

Informa-se ainda que a partir de março de 2001 (**Lei n. 11.208/2001**) foi facultada também a inclusão do doméstico no Fundo de Garantia do Tempo de Serviço (FGTS), ou seja, fica a critério do empregador. O empregado doméstico, quando inserido no Fundo, se for dispensado sem justa causa, fará também jus ao seguro-desemprego (restritivo a apenas um salário mínimo e por três parcelas de forma contínua ou variada).

A **Lei n. 11.324/2006** ampliou, deferindo também: descanso semanal em feriados; trinta dias corridos de férias; garantia de emprego à gestante desde a confirmação da gravidez até cinco meses após o parto; vedação de descontos pelo fornecimento de alimentação, vestuário, higiene ou moradia (a não ser quando se referir a local diverso do trabalho); permissão, contudo, como vantagem do empregador, a deduzir do imposto de renda, desde o ano fiscal de 2006 (exercício de 2007) e até o ano fiscal de 2011 (exercício de 2012), as contribuições previdenciárias patronais mensais (inclusive sobre o 13º salário e terço de férias).

F — EMPREGADO RURAL: Tal categoria viveu fase de grandes restrições de direitos, já que a própria CLT, no art. 7º, *b*, trata de dispor que seus artigos não se aplicam a tal empregado, daí os poucos direitos que se aplicavam eram o do salário mínimo, das férias, do aviso-prévio e da remuneração. Em 1960, o Estatuto do Trabalhador Rural (Lei n. 4.214/63) conferiu extensão efetiva de direitos; tal processo de extensão veio a se consolidar com a **Lei n. 5.589/73**, que inclusive em seu art. 1º determina a aplicação do texto celetista naquilo que não colidir com seu texto. A CF/88 veio a fixar, em seu art. 7º, *caput*, tratamento uniforme entre trabalhadores urbanos e rurais.

Os **direitos específicos**, contidos na Lei n. 5.889/73, são os seguintes: I) intervalo para refeição e descanso, após seis horas de trabalho, conforme usos e costumes da região em que é prestado o trabalho; II) cômputo dos horários efetivamente trabalhados, para efeito de apuração da jornada, em serviços intermitentes, desde que tal particularidade seja anotada na CTPS (intermitente é o trabalho realizado geralmente em dois turnos de modo que só é computada a jornada efetiva de trabalho); III) adicional noturno de 25% incidente sobre as normas, mas sem a redução prevista no art. 73, § 1º, da CLT, sendo considerado trabalho noturno aquele realizado entre 21 e 5 horas (na lavoura) e entre 20 e 4 horas (na pecuária); IV) aviso prévio, com possibilidade de o empregado não trabalhar um dia por semana, para possibilitar a procura de outro trabalho (art. 15), sem prejuízo da aplicação do art. 488, parágrafo único, da CLT; V) indenização para o trabalhador safrista equivalente a 1/12 do salário mensal, por mês de serviço ou tempo superior a 14 dias, quando expirado o contrato de safra na forma do art. 14; VI) impossibilidade de se efetuarem descontos salariais, salvo a título de moradia (até o limite de 20%), de alimentação (até o limite de 25%) e adiantamentos em dinheiro (art. 9º).

Vide ainda o art. 16, que dispõe, nas condições estipuladas, a obrigação de o empregador rural estipular escola em sua propriedade.

A diferenciação mais gritante era sobre a prescrição, já que a CF de 1988 determinava o prazo de dois anos após o término da relação de emprego. Contudo, previa a imprescritibilidade de parcelas durante o período do contrato, ao contrário do trabalhador urbano, que tem cinco anos. Pela Emenda Constitucional de maio de 2000, os prazos prescricionais se unificaram (pela aplicação do direito adquirido os contratos até 25.5.2000 regem-se pela imprescritibilidade, somente os períodos contratuais subsequentes é que de fato se submetem ao novo período prescricional).

Define-se o trabalhador como rural desde que a empresa para qual trabalha seja rural (uma exceção: empresas de florestamento e reflorestamento que não são rurais, mas a jurisprudência faz equivalência — *vide* OJ 38, SDI-I/TST) e pelo fato de o trabalhador trabalhar em imóvel rural ou rústico (exemplo de uma horta em plena cidade de São Paulo). Outro exemplo é o do motorista que desenvolve sua atividade no âmbito de empresa cuja atividade é preponderantemente rural, e desde que não enfrente os trânsitos das estradas ou cidades, será considerado também rural (OJ n. 31 SDI1-TST). Assim, pouco importa a atividade que exerce o trabalhador rural, poderá até ser um datilógrafo; em suma, o que importa é a atividade do empregador e o local de trabalho.

Por empresa rural a Lei n. 5.889/73, em seu art. 3º, define como "pessoa física ou jurídica, proprietária ou não, que explore atividade agroeconômica, em caráter permanente ou temporária, diretamente ou através de prepostos e com auxílio de empregados". Esclarece a lei que equipara-se "ao empregador rural a pessoa física ou jurídica que, habitualmente, em caráter profissional, e por conta de terceiros, execute serviços de natureza agrária, mediante utilização do trabalho de outrem". Muitas vezes é necessário se analisar a intensidade ou preponderância da atividade — agroeconômica *versus* industrial/comercial — para concluir a real atividade do empregador. Sobre o tema, *vide* ainda o Decreto n. 73.626/74.

Também é comum os chamados falsos contratos de parceria, arrendamento e empreitada, fazendo que a Justiça do Trabalho tenha de definir se existe ou não contrato de trabalho. É muito comum a utilização do contrato de safra: o que tenha a sua duração dependente de variações estacionais da atividade agrária (Lei n. 5.889/73, art. 14, parág. único).

Muitas vezes, é duvidosa a situação da mulher e dos filhos. Ou seja, se trabalham, acabam requerendo o reconhecimento do vínculo na Justiça do Trabalho.

Salário utilidade: a Lei n. 9.930/96 incluiu o § 5º no art. 9º da Lei n. 5.889/73 prevendo o salário utilidade "desde que caracterizados como tais, em contrato escrito celebrado entre as partes, com testemunhas e notificação obrigatória ao respectivo sindicato dos trabalhadores rurais".

A Lei n. 10.256, de 2001, equipara ao empregador rural pessoa física o consórcio formado por produtores rurais também pessoas físicas.

G — EMPREGADO EM DOMICÍLIO E A DISTÂNCIA: A CLT possibilita tal vínculo ao dispor em seu art. 6º que "não se distingue entre o trabalho realizado no estabelecimento do empregador e o executado no domicílio de empregado e o realizado a distância, desde que esteja caracterizada a relação de emprego". Dispõe, ainda, no art. 83: "É devido o salário mínimo ao trabalhador em domicílio, considerado este como o executado na habitação do empregado ou em oficina de família, por conta do empregador que o remunere."

Exemplo muito comum é o da pequena indústria de confecção de roupas, em que as costureiras retiram as peças cortadas para finalizarem em suas próprias casas. Aduz Amauri Mascaro Nascimento que, "desde que exista subordinação, no exemplo citado, revelada pela submissão do trabalhador às ordens de serviço, pela obrigação de produzir determinado número de peças, pela impossibilidade de vender essas unidades que produz e porque não fica com o lucro do negócio, teremos um contrato de trabalho".[23]

Lembra ainda que a intensidade do **teletrabalho** aumentou a variedade de tal estilo de contrato de trabalho. Sendo certo que dispõe o parágrafo único do art. 6º que: "Os meios telemáticos e informatizados de comando, controle e supervisão se equiparam, para fins de subordinação jurídica, aos meios pessoais e diretos de comando, controle e supervisão do trabalho alheio." O teletrabalho, dependendo de sua execução, pode ser vantajoso ao trabalhador que trabalha no horário que desejar, não gasta em transporte, vestuários e alimentação. Em contrapartida, corre-se o risco da jornada dupla, ou seja, no trabalho e em casa; e não há vínculo pessoal entre os colegas, dificultando a atividade sindical.

---

(23) NASCIMENTO, Amauri Mascaro. *Op. cit.*, p. 343.

H — EMPREGADO APRENDIZ: Está disposta tal figura contratual nos arts. 403 e 428 a 433 da CLT. É um contrato de trabalho, embora com finalidades simultâneas de ensino e trabalho, destinado ao maior de 14 e menor de 24 anos (não há limite de idade para o trabalhador portador de deficiência), conforme definição do art. 428 da CLT.

O art. 429 aduz que os estabelecimentos de qualquer natureza são obrigados a empregar e matricular nos cursos dos Serviços Nacionais de Aprendizagem número de aprendizes equivalente a 5% no mínimo, e 15%, no máximo, dos trabalhadores existentes em cada estabelecimento, cujas funções demandem formação profissional, obedecendo-se, para tanto, à Classificação Brasileira de Ocupação (CBO), consoante ao art. 10 do Decreto n. 5.598/2005. Exceção quando o empregador for entidade sem fins lucrativos, que tenha por objetivo a educação profissional, ou for o empregador microempresa (art. 51, III, da Lei Complementar n. 127/2006).

Fica esclarecido que não há vínculo de emprego com o tomador dos serviços quando o aprendiz é admitido por entidade sem fins lucrativos de assistência ao adolescente e à educação profissional — art. 431 da CLT.

São exigências do contrato de aprendiz:

— anotação na CTPS e matrícula e frequência na escola, caso não tenha completado o ensino fundamental, e inscrição em programa de aprendizagem desenvolvido sob a orientação de entidade qualificada em formação técnico-profissional (SENAI, SENAC ou similar);

— duração máxima do contrato de dois anos;

— jornada diária de seis horas, sendo vedadas extras ou compensações;

— pagamento de, pelo menos, o salário mínimo horário.

— o depósito do FGTS é de apenas 2%, e não de 8% (art. 15, § 7º, da Lei n. 8.036/90).

Extingue-se o contrato de aprendizagem (art. 433 da CLT) ao seu termo quando o aprendiz completar a idade limite ou na ocorrência de falta greve (incluindo a ocorrência de desempenho insuficiente ou inadaptação do aprendiz, ausência injustificável à escola que implique perda do ano letivo) e, ainda, a pedido do próprio aprendiz. O que nos leva a concluir que o empregador só em tais situações poderá demitir seu empregado-aprendiz.

I — EMPREGADO TEMPORÁRIO: Podemos apontar como o primeiro movimento de flexibilização de direitos trabalhistas já na década de 1970, haja vista a precariedade de tal tipo de contratação — tipicamente temporária e o fato de a subordinação direta ocorrer entre o empregado e o tomador dos serviços. É definida e gerida pela **Lei n. 6.019/74**, que em seu art. 2º aduz "que é aquele prestado por pessoa física a uma empresa, para atender à necessidade transitória de substituição de seu pessoal regular e permanente ou a acréscimo extraordinário de serviços".

Aduz ainda o art. 4º que: "Compreende-se como empresa de trabalho temporário a pessoa física ou jurídica urbana, cuja atividade consiste em colocar à disposição de outras empresas, temporariamente, trabalhadores devidamente qualificados, por ela remunerados e assistidos."

Portanto, o vínculo trabalhista não é formado entre o cliente e o trabalhador, mas, sim, entre a empresa de trabalho e o trabalhador, uma vez que essa é que responderá pelos direitos do trabalhador temporário.

Vários **aspectos** devem ser analisados:

— não poderá a duração do contrato exceder a três meses (art. 10); tal prazo pode ser prorrogado por mais três meses por autorização conferida pelo órgão local do Ministério do Trabalho e Previdência Social, segundo instruções a serem baixadas pelo Departamento Nacional de Mão de Obra (art. 10, Lei n. 6.019/74, e art. 27 do Decreto n. 73.841/74);

— o contrato tem de ser escrito e dele deverá constar expressamente o motivo justificador da demanda de trabalho temporário, assim como as modalidades de remuneração da prestação de serviço (art. 9º), e registrar-se-á na Carteira de Trabalho sua condição de temporário (art. 12, § 1º);

— o art. 12 dispõe sobre os direitos devidos a tal trabalhador: remuneração equivalente à percebida pelos empregados da mesma categoria da empresa tomadora de serviços; jornada de 8 horas diárias e 44 horas semanais; extras com adicional de 50%; férias proporcionais mais 1/3; repouso semanal remunerado; adicional noturno; seguro contra acidente de trabalho; indenização de dispensa sem justa causa ou término normal do contrato de trabalho correspondente a 1/12 do pagamento recebido (parte da doutrina entende que essa indenização foi substituída pela legislação do FGTS — Lei n. 8.036/90); seguro contra acidente de trabalho; proteção previdenciária; gratificação natalina.

2.5. O EMPREGADOR

Define-se de acordo com o art. 2º da CLT e ainda com seu parágrafo único. A rigor, trata-se da pessoa física, jurídica ou ente despersonificado (condomínio, espólio, massa falida) que contrata de uma pessoa física a prestação de seus serviços com pessoalidade, onerosidade, não eventualidade e sob sua subordinação. É claro que a noção de empregador é relacional com a de empregado. A doutrina critica a CLT, que utiliza o termo empresa para definir empregador — é que empresa não é sujeito de direitos na ordem jurídica brasileira, portanto, é infensa a direitos e obrigações.

A — CARACTERÍSTICAS: A primeira é a **despersonalização do empregador** que possibilita a plena modificação do empregador sem prejuízo da preservação completa da relação empregatícia com o novo titular. Deve ser, contudo, observada a tendência para a desconsideração da pessoa jurídica em sede de execução, ou seja, a responsabilização subsidiária dos sócios integrantes da sociedade quando não há bem da empresa para garantir a execução. A segunda é a **assunção de riscos (alteridade)**, que define que o empregador assume os riscos da empresa, do estabelecimento e do próprio contrato de trabalho e sua execução, ainda que não tenha intuito econômico (empregador doméstico, clube, igreja etc.). Lembrando-se que a redução de salários, com a ideia da conservação da empresa e de salários, somente poderá ser efetuada mediante os instrumentos de negociação coletiva, com a participação do sindicato obreiro — art. 7º, VI, c/c art. 8º, VI, CF/88.

B — GRUPO ECONÔMICO: Define o art. 2º, § 2º, que: "Sempre que uma ou mais empresas, tendo, embora, cada uma delas personalidade jurídica própria, estiverem sob a direção, controle ou administração de outra, constituindo grupo industrial, comercial ou de qualquer outra atividade econômica, serão, para os efeitos da relação de emprego, solidariamente, responsáveis a empresa principal e cada uma das subordinadas."

Explica Nascimento que: "As empresas integrantes do grupo devem manter uma relação entre si: para alguns, uma relação de dominação entre a empresa principal e as empresas subordinadas; para outros, não há necessidade dessa configuração."[24] Podemos resumir que há necessidade de um controle central ou a ideia que todas elas participem de um empreendimento comum. Há divergências quando o grupo é controlado por pessoa física, já que a lei fala apenas em controle de empresa, contudo, de nossa parte, deve prevalecer a ideia da primazia da realidade, ou seja, se na prática há controle das empresas pela pessoa física, vislumbramos a possibilidade do reconhecimento do grupo de empresas.

Embora o objetivo fosse proteger os créditos do empregado, a jurisprudência se valeu de que as empresas pudessem exigir trabalho do empregado, sem que isso constitua um novo vínculo de emprego — *vide* Súmula n. 129 do TST. Ademais, o art. 2º, § 2º, da CLT, ao se reportar à solidariedade, fala "para efeitos da relação de emprego", portanto, a favor do empregador prevalece a possibilidade de transferência do empregado de uma empresa para outra do grupo, e a exigência da prestação de serviços para qualquer empresa do grupo.

Assim sendo, prevalece mesmo a ideia de um empregador único, sobre a possibilidade de equiparação; ou seja, empregado da empresa X requerendo o mesmo salário do da empresa Y. Parte da doutrina aduz que a existência do grupo não é suficiente para equiparação de trabalhadores de empresas diferentes, já que cada empresa não deixa de ter seu poder diretivo próprio e consequente quadro pessoal e de carreira. Em nosso sentir, cabe a equiparação tão somente ser for da praxe do grupo exigir do requerente trabalho para as várias empresas.

---

(24) NASCIMENTO, Amauri Mascaro. *Op. cit.*, p. 434.

Apenas os entes com fins econômicos constituem um grupo, portanto, exclui-se o Estado, a família, clubes, entidades religiosas etc.

A antiga Súmula n. 205 do TST de 1985 (cancelada em novembro de 2003 pela Res. n. 121/03 do TST) exigia a formação de litisconsórcio passivo pelas entidades que se pretendiam ver declaradas como integrantes do grupo econômico, ou seja, o empregado era obrigado a impetrar reclamação trabalhista em face de seu empregador e da empresa ou das empresas do grupo que entendesse solidárias. Ante o cancelamento, a verificação do grupo pode ocorrer na fase executória.

C — SUCESSÃO DE EMPREGADORES: É matéria regulada pelos arts. 10 e 448 da CLT, que tem como situação fática qualquer tipo de alteração na empresa (fusão, incorporação, cisão etc.) ou mesmo a substituição do empregador por outra pessoa física ou jurídica, podendo ainda se dar com a alienação ou transferência da empresa ou do estabelecimento, sendo que não afetará os contratos de trabalho em prática.

Tem como fundamento o princípio da intangibilidade objetiva do contrato de trabalho, o princípio da despersonalização do empregador e ainda o princípio da continuidade do contrato de trabalho.

Afasta-se dos institutos civilistas, já que a assunção da dívida pelo sucessor se realiza *ope legis*, ou seja, independentemente da vontade das partes.

As cláusulas restritivas de responsabilização trabalhistas, geralmente acertadas no contrato de compra e venda das empresas, não têm qualquer valor para o Direito do Trabalho ante o caráter imperativo do instituto.

Quanto ao sucedido, não há previsão legal de sua responsabilidade, porém a jurisprudência poderá admiti-la ante a possibilidade de **fraude**. *Vide* a Orientação Jurisprudencial n. 225, sobre sucessão de concessionárias no serviço público.

Quanto ao **arrendamento** da empresa ou estabelecimento, temos que, ocorrendo o prosseguimento da atividade econômica organizada, a sucessão poderá ocorrer.

Quando o acervo da **massa falida** é adquirido em hasta pública (*vide* art. 141, II, Lei n. 11.101/2005) não ocorre sucessão. Como explica Nascimento, a lógica da lei foi "para que haja interessados na aquisição da falida e, com isso, tentar-se a reabilitação da empresa e a preservação dos empregos".[25] Várias críticas foram apontadas pela doutrina, uma vez que tal diferenciação da lei desiguala os empregados da massa falida alienados dos outros trabalhadores, ferindo, com isso, o princípio constitucional da igualdade — art. 5º, *caput*, CFRB/88. Enfim, prevaleceu o princípio da continuidade da empresa.

Há controvérsias sobre a possibilidade de a ocorrência da sucessão trabalhista ter necessidade ou não da continuidade da prestação laboral. Quando essa ocorre, é

---

(25) NASCIMENTO, Amauri Mascaro. *Op. cit.*, p. 212.

bem mais fácil de se decretar a sucessão. Para a tendência mais moderna, qualquer mudança significativa na empresa, que possa afetar o contrato de trabalho, faz incidir o instituto em comento.

Para Delgado, não se pode confundir a sucessão trabalhista da mera sucessão civil/ou empresarial, pois que: "Claro está que certa entidade empresária, ao adquirir o controle, encampar ou se fundir com outra entidade, dando origem à nova empresa — meses ou anos após a ruptura do contrato de emprego —, assumirá, sim, as velhas obrigações trabalhistas da antiga empresa desaparecida, por sucessão civil/empresarial (assim como assumirá obrigatoriamente as obrigações previdenciárias, tributárias e outras)."[26]

Já Nascimento sustenta a ideia de sucessão trabalhista independentemente de ter ocorrido a prestação laboral ao sucessor, ao dispor que "as sentenças jurídicas podem ser executadas, embora não o tenham sido na época do primeiro titular e desde que não prescritas, respondendo o sucessor, diretamente, por seus efeitos, inclusive reintegrações de estáveis".[27]

Observe-se por fim que, salvo na hipótese de sucessão simulada ou fraudulenta, sucedido e sucessor respondem solidariamente. Portanto, ressalvada tais hipóteses, a responsabilidade é apenas do sucessor.

D — TERCEIRIZAÇÃO: Não há conceito legal para terceirização. Podemos defini-la como o fenômeno empresarial em que as empresas preferem a contratação de serviços prestados por outras empresas no lugar daqueles que poderiam ser prestados pelos seus próprios empregados. Enquadra-se numa caracterização da administração de empresa do *toyotismo* (empresa enxuta, com os empregados fazendo várias funções e amplo uso da terceirização), que superou o modelo *fordista*.

Argumentos **contrários** à terceirização: afeta o núcleo do contrato individual de trabalho da CLT; tendo como espelho a empresa tomadora, é uma forma de baratear a mão de obra, já que reduz direitos do empregado quanto a promoções, salários, fixação na empresa e vantagens decorrentes de convenções e acordos coletivos; pulverização dos sindicatos; contrato de trabalho mais curto; apatia do trabalhador terceirizado que não se identifica com a empresa.

Argumentos **favoráveis** são a necessidade de se modernizar a administração empresarial, visando a novos métodos de racionalização administrativa focada em sua atividade-fim; aumento de produtividade e eficiência, além de redução de custos.

Curiosamente, se tem falado num retorno à **primeirização**. Isso porque para a própria empresa tem-se notado resultados aquém do esperado quanto ao movimento de terceirização; notadamente, por uma possível apatia do trabalhador terceirizado, que não tem o envolvimento, e consequente produção, com a tomadora

---

(26) DELGADO, Mauricio Godinho. *Op. cit.*, p. 343.
(27) NASCIMENTO, *op. cit.*, p. 132.

de serviços, não veste, em suma, a "camisa da empresa". Contudo, ainda é cedo para se falar na consolidação de tal movimento.

Não é colocação de mão de obra, já que essa é feita por agências de colocação que selecionam interessados em obter empregos; não é subempreitada, já que essa é contrato de resultados e não de serviços (ex.: edificação de partes de um prédio); não é fornecimento de produtos, sendo esse o abastecimento contínuo ou eventual de uma empresa por outra cuja atividade é destinada a esse fim (ex.: refeição que abastece um avião); não é contrato de transporte, já que esse tem capitulação própria no Código Civil.

A matéria foi inicialmente regrada pela **Súmula n. 256 (cancelada)**, que apenas previa: "Salvo os casos de trabalho temporário e de serviço de vigilância, previstos nas Leis ns. 6.019, de 3.1.74, e 7.102, de 20.6.1983, é ilegal a contratação de trabalhadores por empresa interposta, formando-se o vínculo empregatício diretamente com o tomador dos serviços."

Diante do fenômeno cada vez mais intenso da terceirização, e pela lamentável ausência de lei, a referida Súmula foi então cancelada, sendo a matéria, com aspecto bem mais ampliado, disciplinada pela **Súmula n. 331** do TST: "I — A contratação de trabalhadores por empresas interpostas é ilegal, formando-se o vínculo diretamente com o tomador dos serviços, salvo no caso do trabalhador temporário (Lei n. 6.019, de 3.1.1974). II — A contratação irregular de trabalhador, mediante empresa interposta, não gera vínculo de emprego com os órgãos da administração pública direta, indireta ou fundacional (art. 37, II, da CF/1988). III — Não forma vínculo de emprego com o tomador a contratação de serviço de vigilância (Lei n. 7.102, de 20.6.1983) e de conservação e limpeza, bem como a de serviços especializados ligados à atividade-meio do tomador, desde que inexistente a pessoalidade e a subordinação direta. IV — O inadimplemento das obrigações trabalhistas, por parte do empregador, implica a responsabilidade subsidiária do tomador dos serviços, quanto àquelas obrigações, desde que haja participado da relação processual e conste também do título executivo judicial. V — Os entes integrantes da administração pública direta e indireta respondem subsidiariamente, nas mesmas condições do item IV, caso evidenciada a sua conduta culposa no cumprimento das obrigações contratuais e legais da prestadora de serviços como empregadora. A aludida responsabilidade não decorre de mero inadimplemento das obrigações trabalhistas assumidas pela empresa regularmente contratada. VI — A responsabilidade subsidiária do tomador de serviços abrange todas as verbas decorrentes da condenação.

O primeiro inciso visa a coibir que o real empregador, tendo relação de pessoalidade e subordinação com o trabalhador, passe suas responsabilidades para um terceiro, sendo certo que isso só é possível diante do contrato de prazo temporário, que por sua vez só pode ser utilizado, como já vimos, em situações peculiares.

O segundo inciso dinamiza princípio de moralidade administrativa de *status* constitucional, ou seja, o art. 37, II, da CF/88, que dispõe que a investidura em cargo ou emprego público só é possível mediante concurso. De modo que, mesmo que estejam presentes todos os elementos característicos do contrato de trabalho, não poderá ocorrer o reconhecimento do vínculo de emprego. Deve ser conhecida a Súmula n. 363 do TST, que preconiza os efeitos da contratação ilegal, *in verbis*: "A contratação de servidor público, após a CF/88, sem prévia aprovação em concurso público, encontra óbice no respectivo art. 37, II e § 2º, somente lhe conferindo direito ao pagamento da contraprestação pactuada, em relação ao número de horas trabalhadas, respeitado o valor da hora do salário mínimo, e dos valores referentes aos depósitos do FGTS."

O terceiro inciso define a terceirização lícita. E as exigências são claras: o que pode terceirizar são os serviços de vigilância, de conservação e limpeza e os serviços especializados ligados à atividade-meio, além disso não pode ocorrer pessoalidade e subordinação direta entre os trabalhadores da empresa terceirizada e o tomador dos serviços. Há exceção imposta por lei ordinária: a Lei Geral de Telecomunicações tem previsão em seu art. 94, II, no sentido da terceirização lícita até de atividades-fim, contudo, a licitude da terceirização não afasta a responsabilidade subsidiária da tomadora.

O quarto inciso cria uma responsabilidade objetiva: o tomador é responsável de forma subsidiária (a execução, primeiro, se volta para o principal, e na falta de condições para adimplir ela se volta para o subsidiário) pelo inadimplemento trabalhista da empresa terceirizada, desde que tenha sido citado na reclamação trabalhista.

O quinto inciso abre exceção para os entes públicos, já que são os mesmos isentos de responsabilidade por encargos trabalhistas de empregados pertencentes às empresas prestadoras de serviços — *vide* art. 71 da Lei n. 8.666/93. De modo que tem de ser demonstrada sua conduta culposa; só assim será caracterizada a responsabilidade subsidiária. Com certeza, caberá à jurisprudência trabalhista definir melhor o que caracteriza tal "culpa".

O sexto inciso define que até, por exemplo, a condenação da empresa terceirizada em multas (arts. 467 e 477 da CLT), ou em dano moral, faz com que a tomadora seja responsabilizada de forma subsidiária.

E — RESPONSABILIDADE POR VERBAS TRABALHISTAS DO EMPREGADOR: É fácil concluir que o empregador é responsável pelas verbas trabalhistas, incluindo aí o grupo de empresas (responsabilidade solidária), nos casos de terceirização ilícita — *vide* a Súmula n. 331 do TST —, assim como dos consórcios de empregadores rurais. Porém, há situações em que a ordem jurídica estabelece responsabilidades solidária ou subsidiária, trabalhistas para terceiros, sem conferir a responsabilidade de empregador.

A começar pelo sócio que, mesmo não sendo daquelas sociedades em que naturalmente sua responsabilidade já é ilimitada (nome coletivo e de fato), pelo princípio da **desconsideração da pessoa jurídica**, acaba por responder também pelas dívidas trabalhistas, como aduz Delgado: "tal responsabilidade, de maneira geral, tem sido estendida, no plano justrabalhista, aos demais sócios, independentemente de terem (ou não) participado na gestão societária".

A responsabilidade é subsidiária, ou seja, primeiro se tenta executar os bens da sociedade. Já para gestores de sociedade anônima, ou mesmo de seus sócios majoritários, se faz necessário que haja provas de gestão fraudulenta ou ilícita — *vide* art. 50 do CC. Contudo, parte da jurisprudência pode considerar tal fraude presumida pela mera inadimplência. Ademais, ganha corpo na jurisprudência a ideia de que tal responsabilidade não é perpétua, limitando-se a dois anos, da retirada do sócio da sociedade, por força do que dispõem os arts. 1.003, parágrafo único, e 1.032 do Código Civil, que a limita em até dois anos depois de averbada a modificação ou resolução da sociedade.

No caso do trabalho temporário, a Lei n. 6.019/74 aduz a responsabilidade solidária da tomadora de serviços em caso de falência da empresa temporária e para determinadas verbas. Contudo, a tendência passou a ser a da aplicação da responsabilidade subsidiária nos termos do inciso IV da Súmula n. 331 do TST; portanto, sem necessidade de aguardar qualquer falência, bastando a inadimplência dos direitos — posição que favorece o empregado.

A responsabilidade do subempreiteiro é definida pelo **art. 455 da CLT**: "Nos contratos de subempreitada, responderá o subempreiteiro pelas obrigações derivadas do contrato de trabalho que celebrar, cabendo, todavia, aos empregados, o direito de reclamação contra o empreiteiro principal pelo inadimplemento daquelas obrigações por parte do primeiro." Pelo texto celetizado, a aplicação é solidária, contudo, a tendência é considerá-la também subsidiária nos termos da aplicação da Súmula n. 331, IV, do TST — o que não concordamos, já que a responsabilidade solidária é preferível à subsidiária. Portanto, no plano processual, caberá para a responsabilidade do empreiteiro a citação do subempreiteiro.

Sobre a responsabilidade do dono da obra, a **Orientação Jurisprudencial n. 191 da SDI-1/TST** aduz pela inexistência, nos seguintes termos: "Diante da inexistência de previsão legal específica, o contrato de empreitada de construção civil, entre o dono da obra e o empreiteiro, não enseja responsabilidade solidária ou subsidiária nas obrigações trabalhistas contraídas pelo empreiteiro, salvo sendo o dono da obra uma empresa construtora ou incorporadora." A interpretação do TST é no sentido de que não há previsão legal para tal responsabilidade, já que o art. 455 nada prevê, e não é caso de terceirização, mas de simples consumidor de serviços prestados pelo empreiteiro. Contudo, parte da doutrina e da jurisprudência nega tal assentamento, sobretudo quando a referida obra tem uso econômico;

justifica, inclusive, tal linha de pensamento o fato de o art. 30, inciso VI, da Lei n. 8.212/80, a Lei da Previdência Social, definir o dono da obra como solidário aos empregados do construtor e dos subempreiteiros, logo, se o dono da obra responde pelos créditos previdenciários, tem também de responder pelos trabalhistas, considerando que os créditos trabalhistas, de acordo com o art. 186 do CTN, são, como o do acidente de trabalho, créditos preferenciais.

F — **PODER DE DIREÇÃO DO EMPREGADOR**: Há fundamento legal, já que o art. 2º da CLT, ao definir empregador, qualifica-o como aquele que dirige a prestação pessoal dos serviços de seus empregados. Os fundamentos doutrinários são o da **propriedade privada** (não aceito pelo seu caráter autoritário), **contratualista** (ajuste de vontade) e **institucionalista** (autoridade da empresa por conta de ser uma instituição).

Sua primeira dimensão está no poder, de **organização ou legislativo**, que tem o empregador de organizar as atividades, os fins econômicos, a estrutura jurídica, a enumeração do número e os tipos de cargos e funções, a faculdade de instituir um regulamento de empresa etc. A cogestão é uma tendência do direito moderno. A Constituição do Brasil (art. 7º, inciso XI) prevê, excepcionalmente, a participação dos trabalhadores na gestão das empresas, conforme definido em lei; porém, não houve até agora a regulamentação desse preceito.

A outra esfera é o poder de **direção**, que possibilita ao empregador fiscalizar as atividades profissionais de seus empregados, daí a hipótese de revistas, desde que não se tornem abusivas da dignidade do trabalhador, de instalação de monitores de circuito interno de televisão e do direito de obrigar os empregadores à marcação de cartão de ponto, e de seguir as orientações de segurança e higiene do trabalho etc.

Por fim, o poder **disciplinar**, que é a faculdade do empregador de impor suspensão (por até trinta dias — art. 474 da CLT) e advertência (não há previsão legal, "mas quem pode mais pode menos"), além da demissão por justa causa. O atleta profissional é ainda passível de multa.

Contrato de Trabalho

3.1. CONCEITO

Define-se como o negócio jurídico expresso ou tácito mediante o qual uma pessoa natural (**empregado**) obriga-se, perante pessoa natural, jurídica ou ente despersonalizado (**empregador**), a uma pretensão pessoal, não eventual, subordinada e onerosa de serviços. Portanto, repetimos os elementos caracterizadores da relação de emprego já analisados.

3.2. CARACTERÍSTICAS

Além das já faladas características do contrato do trabalho (pessoa física, pessoalidade, onerosidade, subordinação jurídica e alteridade), ratificamos as mesmas e ainda destacamos os seguintes:

— contrato de **direito privado**, já que as partes colocam-se em situação de paridade jurídica;

— contrato **bilateral**, já que geram direitos e obrigações para empregado e empregador;

— contrato **sinalagmático**, já que composto de obrigações contrapostas principais — salário x trabalho, com exceção para a hipótese de interrupção do contrato de trabalho onde há pagamento de salário sem a prestação de labor, daí ser apontado como sinalagmático até perfeito, já que para se exigir o cumprimento da obrigação alheia é necessário também cumprir a sua;

— contrato **consensual**, já que sua celebração não se sujeita às formalidades imperativas, com algumas exceções — *vide* o contrato dos profissionais do futebol e dos artistas, que são obrigatoriamente escritos;

— contrato *intuitu personae*, já que o empregado é figura subjetivamente infungível;

— contrato de **trato sucessivo**, já que as prestações sucedem-se continuamente no tempo;

— contrato de **atividade**, pela obrigação de fazer do empregado;

— contrato **oneroso**, pela prestação de labor x salário;

— contrato de **alteridade**, porque o empregado não assume os riscos do empreendimento;

— contrato **complexo**, pela possibilidade de estar ladeado por outros contratos acessórios (ex.: comodato de imóvel ocupado pelo porteiro ou caseiro);

— contrato de **comutativo ou de equivalência**, no sentido de que as partes conhecem a extensão de suas prestações (ao contrário do aleatório) e que há certa justiça comutativa entre as prestações contratuais;

— contrato de **adesão**, pelo menos parte da doutrina assim entende, já que na maioria das vezes o empregado adere às contratuais oferecidas pelo empregador, condições, contudo, que devem obedecer às fontes normativas superiores;

— contrato **principal**, porque não pode jamais ser subordinado a outros contratos;

— contrato **típico**, já que tem definição legal certa com seus efeitos consequentes.

3.3. ELEMENTOS CONSTITUTIVOS

Os elementos **essenciais**, tendo como referência o art. 104 do Código Civil, são:

— **capacidade da parte**: conforme art. 7º, inciso XXXIII, a partir dos 16 anos já há capacidade para o trabalho, sendo a partir dos 14 anos para o aprendiz. Contudo, o menor de 18 anos só com assistência legal poderá requerer expedição de CTPS, celebrar o contrato e assinar o termo de rescisão do contrato de trabalho (art. 17, § 1º, e art. 439 da CLT); além disso, não poderá laborar em condições insalubres e perigosas (art. 7º, XXXIII, da CF/88).

— **licitude do objeto**: não será válido contrato de trabalho que tenha por objeto trabalho ilícito (art. 166, II, CCB), como prostituição, jogo do bicho; situação diferente do meramente irregular (ex.: trabalho de menor e de estrangeiro irregular). No irregular, a tendência é de reconhecimento de todos os direitos, ademais, se faz necessário que o trabalho esteja no núcleo da atividade ilícita (exemplo: não é ilícito o contrato da faxineira do prostíbulo).

— **forma regular ou não proibida**: o contrato de trabalho não tem forma solene, contudo, exige-se forma escrita para certos contratos (jogador de futebol, artista, marítimo, temporário etc.) e para certos atos, como do recibo do pagamento de verbas decorrentes do contrato do trabalho (art. 464 da CLT), entre outros; portanto, a anotação da CTPS é uma exigência que, quando não cumprida, não torna infensos os efeitos do contrato de trabalho, a rigor, existente.

Os elementos **naturais** (elementos que fazem parte do contrato, ainda que não mencionados, por constituírem a índole do negócio jurídico) são o exemplo da fixação contratual da jornada de trabalho.

Os elementos **acidentais** são o termo e a condição. Quando as partes fixam um momento para que o negócio comece ou cesse a produção de efeitos, teremos o termo — art. 131 do Código Civil de 2002 —, já quando fixa os efeitos do negócio jurídico a evento futuro e incerto, temos a condição. O direito do trabalho tem exemplo de termo, é a hipótese do contrato a termo (certo ou incerto) — *vide* art. 443 da CLT. Já a condição suspensiva é raríssima.

3.4. NULIDADES DO CONTRATO DE TRABALHO

O ordenamento jurídico prevê a supressão de consequências jurídicas para o ato praticado em desconformidade com a lei. No Direito do Trabalho, a matéria é tratada, sobretudo, pela aplicação subsidiária do Código Civil, pela doutrina e jurisprudência. De modo que vai se reconhecer para o contrato de trabalho nulo, em alguns casos, pleno efeito, efeito parcial ou, às vezes, nenhum efeito.

Na doutrina, Mauricio Godinho Delgado fala em espécie de gradação: "à medida que os bens tutelados aproximam-se do interesse público (confrontando o valor trabalho a outro valor de inquestionável interesse público) tende-se a restringir, proporcionalmente, a aplicação da teoria justrabalhista especial".[28] Evaristo de Moraes Filho fala na importância entre trabalho proibido e ilícito para efeitos de análise de suas consequências legais: "No trabalho simplesmente proibido, que não chega à ilicitude penal, não resta a menor dúvida que os direitos dos trabalhadores são devidos. Podem ser lembrados os casos de trabalhos proibidos a certas pessoas (menores, estrangeiros, não habilitados etc.) ou sob certas circunstâncias (falta de licença, trabalho extraordinário sem acordo escrito, trabalho em dias de repouso não autorizado etc.)."[29]

De modo que a contração irregular de menor de 16 anos faz com que parte considerável da jurisprudência reconheça todos os direitos, por ser tratar de um trabalho proibido, ou seja, para proteger a própria figura do empregado, e não de um trabalho ilícito.

Merecem ainda destaques os seguintes posicionamentos da jurisprudência majoritária do TST:

— A Orientação Jurisprudencial n. 199 do SDI-I, que aduz a impossibilidade de reconhecimento do contrato de trabalho havido em atividade ligada ao jogo de bicho, uma vez que a lei proíbe a atividade;

---

(28) DELGADO, Mauricio Godinho. *Op. cit.*, p. 234.
(29) MORAES FILHO, Evaristo de. *Op. cit.*, p. 454.

— O legítimo reconhecimento de relação de emprego entre policial militar e empresa privada, desde que preenchidos os requisitos do art. 3º da CLT, independentemente do eventual cabimento de penalidade disciplinar prevista no Estatuto do Policial Militar (Súmula n. 386 do TST);

— A não permissão da contratação de servidor público sem aprovação em concurso público, sendo o contrato firmado sem inobservância à referida verba como nulo, somente lhe dá direito ao pagamento da contraprestação pactuada, em relação ao número de horas extras trabalhadas, respeitados o valor da hora do salário mínimo e os valores referentes aos depósitos do FGTS (Súmula n. 363 do TST).

3.5. MODALIDADES DO CONTRATO DE TRABALHO

O contrato de trabalho assume modalidades distintas, segundo diversos aspectos que podem ser enfocados, a saber:

A — CONTRATO EXPRESSO E CONTRATO TÁCITO: O Direito do Trabalho, conforme já visto; admite a celebração expressa ou tácita do contrato de trabalho — *vide* os arts. 442 e 443 da CLT. Porém, alguns contratos exigem a forma escrita; são exemplos: contrato de trabalho temporário, atleta profissional de futebol, o novo contrato por tempo determinado (Lei n. 9.601/98), os contratos de prazos determinados (matéria polêmica, mas há considerável exigência da jurisprudência), contrato do aprendiz, entre outros.

B — DA ANOTAÇÃO DA CTPS: A Carteira de Trabalho e Previdência Social (CTPS) será obrigatoriamente apresentada, contra recibo, pelo trabalhador ao empregador que o admitir; o mesmo terá o prazo de 48 horas para anotar: data de admissão, remuneração e as condições especiais, se houver. É vedado ao empregador efetuar anotações desabonadoras — *vide* o § 4º do art. 29 da CLT. Portanto, não pode o empregador alegar que não anotou a CTPS ante recusa do próprio empregado, note-se, por fim, que o contrato de trabalho insere automaticamente o empregado no sistema da Previdência Social.

C — CONTRATO DE EQUIPE: É uma construção doutrinária, sendo um conjunto de contratos individuais entre os empregados e o empregador, mas com ideia de uma unidade indissolúvel de interesses, sendo que a própria prestação de trabalho somente ganha sentido com a execução conjunta. O exemplo típico é o da orquestra vinculada contratada por um clube de dança. Detalhe: há um feixe de contratos individuais.

D — CONTRATO INTERNACIONAL: Lei n. 7.064/82 c/c a Lei n. 11.962/99 (que determinou que fosse aplicado a todos os trabalhadores, e não apenas aos descritos da Lei n. 7.064/88): a) goza dos direitos da lei, vigente no país da prestação de serviços (Súmula n. 207 do TST), mas desde que mais favorável do que a lei brasileira comparada "no conjunto das normas em relação a cada matéria" (art. 3º, inciso II) — é a teoria do conglobamento moderado; b) tem direito a salário básico em moeda nacional e adicional de transferência; c) duração máxima do contrato de três anos, salvo se assegurado o direito de gozar férias anuais no Brasil; d) remessa da remuneração para o local da prestação; e) pagamento, pela empresa, das despesas de viagem; f) é assegurado o retorno ao Brasil, no caso da rescisão do contrato de trabalho ou por motivo de doença.

E — **CONTRATO POR TEMPO INDETERMINADO:** A indeterminação da duração dos contratos constitui regra geral incidente aos pactos empregatícios; há inclusive presunção jurídica de sua existência — Súmula n. 212 do TST. Insere aqui o princípio da continuidade da relação de emprego e o princípio da norma mais favorável, isso porque no contrato a termo, vencido o prazo, o contrato termina sem direito aos 40% do FGTS e sem aviso-prévio; além disso, não há estabilidade e garantia de emprego (há discórdia na jurisprudência quanto ao acidentado e para a gravidez — matéria tratada no item de estabilidade).

F — **CONTRATO POR TEMPO DETERMINADO (A TERMO):** Como exceção, temos os contratos de trabalho a termo, ou seja, que vão terminar em prazo fixado ou por determinado acontecimento. As hipóteses são previstas na CLT, nas leis extravagantes para determinados profissionais e pela Lei n. 9.601/98.

Pela **CLT**, define o art. 443, em seu § 2º, que o contrato por prazo determinado será válido em se tratando: a) de serviço cuja natureza ou transitoriedade justifique a predeterminação do prazo; b) de atividades empresariais de caráter transitório; c) de contrato de experiência.

Para a primeira hipótese temos os exemplos: atendimento a substituição de empregado permanente em gozo de férias ou licença; contratações para atender acréscimos provisórios do serviço da empresa, exemplo das vendas no período natalino; uma obra específica etc. O segundo exemplo é o da empresa circense, de fogos de artifício, de atividades empresariais em feiras etc.

Por fim, no campo celetista temos também o **contrato de experiência**, com larga utilização e com previsão no art. 443, § 2º, da CLT, sendo uma espécie de contrato a termo, que tem como objetivo permitir que o empregador, assim como o empregado, durante certo tempo (máximo de noventa dias), verifique as aptidões do empregado, assim como o empregado poderá analisar sua adaptação, tendo em vista a contratação por prazo indeterminado. O trabalhador admitido para fazer experiência é empregado, tem que ser registrado, sua carteira tem que ser anotada e a CLT é aplicável a essa relação jurídica. Há dúvidas sobre sua aplicação ao trabalhador rural e doméstico, já que seus diplomas legais não preveem tal modalidade.

Demais disposições sobre o contrato por prazo determinado:

— os contratos por prazo determinado não podem exceder de dois anos — *caput* do art. 445 da CLT —, sendo que o contrato de experiência não pode exceder noventa dias — art. 445, parágrafo único, da CLT;

— pode ocorrer prorrogação, tácita ou expressa, uma única vez, desde que a soma dos períodos não extrapolem o prazo legal, sob pena de se gerar a automática indeterminação do contrato;

— determina ainda a regra celetista, que estabelece que entre o final de um contrato por prazo determinado e o início do outro é necessário que haja decorrido mais de seis meses, sob pena de o segundo contrato ser considerado por prazo indeterminado (art. 452 da CLT), salvo se a expiração desse tiver dependido da execução de serviços especializados (para doutrina, o legislador quis dizer "serviço especificado") ou da realização de certos acontecimentos (ex.: safra);

— para parte da doutrina e jurisprudência, tal modalidade tem de ser feita por escrito e/ou devem ser anotadas as condições especiais da CTPS; para outros, não, já que não há essa determinação em lei; contudo, na falta de documentação expressa, caberá ao empregador provar tal modalidade de contratação;

— sobre o afastamento do empregado para o serviço militar ou de outro encargo público, o contrato de trabalho também terminará ao final do prazo; a exceção se dá, ou seja, esse período não será computado na contagem do prazo para a respectiva terminação, se acordarem as partes interessadas — § 2º do art. 472 da CLT.

Sobre as **leis extravagantes** de artistas (Lei n. 6.533/78) e atletas profissionais de futebol (Lei n. 6.354/76), a lei exige o contrato escrito e a termo; é, na verdade, uma forma de privilegiar tais profissionais no sentido da possibilidade de uma revisão constante de salários e demais condições de trabalho.

É, ainda, necessariamente por prazo determinado a contratação de técnico estrangeiro (Decreto-Lei n. 691/69) e de aprendizagem (art. 428 da CLT).

A **Lei n. 2.959/56** dispõe sobre o contrato por obra certa, que, contudo, submete-se às regras gerais do contrato por prazo determinado; tendo como empregador um construtor, seu termo é o final da obra ou o final do serviço contratado (ex.: serviço de pintor, pedreiro, azulejista etc.).

No **campo** temos o contrato por **safra**, definida pelo art. 14, parágrafo único, da Lei n. 5.889/73, sendo que o termo safra refere-se à produção e colheita, como também ao lapso para a preparação do solo — não se pode predeterminar a data para seu término. Determina o art. 14 da lei em comento que, "expirado normalmente o contrato, a empresa pagará ao safrista, a título de indenização do tempo de serviço, importância correspondente a 1/12 (um doze avos) do salário mensal, por mês de serviço ou fração superior a 14 (quatorze dias)".

Além disso, temos um novo contrato, que é do art. 14-A da Lei n. 5.589/73, pela redação dada pela Lei n. 11.718/2008, e que permite ao produtor rural realizar contratação de trabalhador rural, por pequeno prazo, para o exercício de natureza temporária; quando a contratação, dentro do período de um ano, superar dois meses, fica convertida em contrato de trabalho por prazo determinado. Isso significa que no período de um ano pode haver sucessivos contratos determinados, sendo que a duração máxima de cada um não seja superior a dois meses, ficam garantidos todos os direitos da lei trabalhista.

A **Lei n. 9.601/98** estipulou um novo tipo de contrato de trabalho por prazo determinado (prazo máximo de dois anos, admitindo em tal prazo várias prorrogações), com o objetivo de incentivar a contratação de uma mão de obra mais barata, já que ocorre redução de vários encargos sociais; porém, não houve aceitação na prática desse tipo de contratação.

3.6. PRÉ-CONTRATO DE TRABALHO

O Código Civil (art. 462) prevê, para os negócios jurídicos de direito comum, o contrato preliminar. Assim, se existir contrato expresso (escrito ou verbal) para início futuro da relação de trabalho, e se essa relação não se concretizar, poderá a parte prejudicada vindicar perdas e danos.

A doutrina aponta que a competência para apreciar a questão será da Justiça do Trabalho, em face do disposto no art. 114 da Constituição Federal, que lhe atribui poderes para resolver controvérsias oriundas das relações de trabalho.

3.7. ALTERAÇÕES NAS CONDIÇÕES DE TRABALHO

Na verdade, não é o contrato de trabalho que se altera, mas as suas condições. Por ser de trato sucessivo, o contrato de trabalho está sujeito às diversas alterações. Contudo, corolário com o preceito romano *pacta sunt servanda*, existe toda uma rede de proteção contra tais alterações prejudiciais ao trabalhador. O Estado interfere em favor do mais fraco, a autonomia de vontade do empregado é mitigada, prevalecendo a hipótese de coação.

É apresentada a seguinte classificação: ORIGEM: obrigatória (lei, convenção ou sentença normativa), voluntária (unilateral ou bilateral); OBJETO: subjetiva (muda o sujeito exemplo da sucessão de empresa), objetiva (mudança quantitativa ou circunstancial), forma de prestação qualitativa (unilateral ou bilateral), quantitativa (quantidade de trabalho ou *quantum* do salário), circunstancial (local de trabalho ou forma da contraprestação salarial); EFEITOS: favoráveis ao empregado e prejudiciais ao empregador.

Que se ressalve, contudo, que o próprio ordenamento jurídico permite uma série de alterações: CF/88: art. 7º, inciso VI — flexibilização de salários; art. 7º, inciso XIII — art. 58-A (tempo parcial) e 59 da CLT (banco de horas); art. 7º, inciso XIV — exclusão da jornada de seis horas no turno ininterrupto de revezamento.

Vide ainda: empregado de confiança pode retornar por ato unilateral ao exercício do cargo anteriormente ocupado; troca de turno — da noite para o dia *vide* Súmula n. 265 do TST; prorrogação da jornada para recuperação de paralisação de serviços — art. 61, § 3º, da CLT; empregado afastado pelo INSS e readaptado em nova função — art. 461, § 4º, da CLT.

A matéria é tratada na **CLT** pelos arts. **468, 469 e 470**. Sendo certo que a única alteração admitida é a bilateral, sem prejuízos ao empregado. Ato unilateral é, em tese, sempre nulo. Mesmo quando benéfico ao empregado? Em nosso sentir, não, *vide* os fins sociais do direito, já que tal rigidez é para proteção do trabalhador. Quando bilaterais, não podem trazer prejuízos ao empregado, pois que existe presunção de coação.

Mas reside aí o necessário cuidado para não se concluir que qualquer alteração por acordo bilateral seja coação, *vide* a bela lição do mestre Evaristo de Moraes Filho: "Aqui, perfeitamente delineada a diretiva legal, a justa medida para a apreciação da coação. Sem esquecer a condição — em geral mais fraca do trabalhador, mais necessitado, com fôlego mais, não há que se esquecer também o perigo de excessiva tutela, algo demagógica, que enxerga coação por toda parte, sempre vendo no empregado uma vítima, fazendo vitoriosos muitas vezes a sua má-fé e o seu arrependimento futuro, depois da passagem pelo escritório de algum advogado. A não ser nos casos de operários, analfabetos ou com especiais condições individuais, não podem ser esquecidas as palavras de Betti, de que 'o negócio jurídico é um instrumento que não pode ser realizado com leviandade, mas com autorresponsabilidade e razão consciente'. Ou nas palavras de De Page: "a receptividade da vítima deve ser apreciada *pro subjecta materia*, mas sem chegar ao extremo de proteger a ignorância imperdoável ou a negligência grosseira'. Não há dúvida nenhuma que, em certos casos, a figura do erro inescusável chega às raias da má-fé, da suposta vítima, é claro".[30]

A lei fala também em prejuízo indireto. Prejuízo indireto, entendemos, é quando as cláusulas do contrato permanecem íntegras, porém o empregado cria condições exteriores ao contrato de trabalho que são danosas (ex.: o empregado vende certo produto com exclusividade de zona, mas lança no mercado produto similar, entregando sua distribuição a outro vendedor).

Prejuízo tem de ser certo = interesse de agir, mas pode ser futuro. Ademais, a ideia de prejuízo pode ser analisada à luz da teoria do conglobamento = analisar vantagens e desvantagens.

A doutrina fala ainda no **jus variandi** do empregador, já que, excepcionalmente, é permitida ao empregado a possibilidade de alterações das condições do

---

(30) MORAES FILHO, Evaristo de. *Op. cit.*, p. 456.

contrato do trabalho, principalmente as chamadas pequenas alterações. Não se pode sequer definir as regras para tal exercício, contudo, como o empregador necessita gerenciar o empreendimento, assumindo os riscos do negócio, é natural as pequenas mudanças referidas. Temos como exemplo de hipótese admitidas pela jurisprudência do TST: a redução da carga horária do professor, em virtude da diminuição do número de alunos, é possível, uma vez que não implica redução do valor da hora-aula (OJ n. 244 SDI1-TST); e também a alteração na data de pagamento, desde que observada a data máxima prevista em lei, e, não havendo previsão expressa no contrato e no instrumento normativo, não será considerada alteração do contrato de trabalho (OJ n. 159 SDI-TST).

Em face dele, temos o *jus resistentiae* do empregado, que é sua oposição às mudanças, inclusive com possibilidade de pedido da nulidade da alteração contratual (art. 468 da CLT), pedido da rescisão indireta — art. 483 da CLT — e, no caso de abuso de transferência, pedido de liminar para que volte a trabalhar na antiga localidade (art. 659, IX, CLT), como veremos abaixo.

Outro tema pertinente é a questão da **transferência do empregado** — art. 469 da CLT. Para tal, deve haver a mudança de domicílio — art. 70 do CC —, ou seja, não haverá transferência se o empregado continuar residindo no mesmo local, embora trabalhando em município diferente; inexistirá também transferência se o empregado permanecer trabalhando no mesmo município, embora em outro bairro deste. O que poderá ocorrer em determinadas situações é o empregador ter de pagar as diferenças da despesa de transporte — *vide* Súmula n. 29 do TST.

Para evitar caprichos do empregador, poderá ser considerada como abusiva a transferência (Súmula n. 43 do TST). A lei fala da real necessidade de serviços. Contudo, para cargo de confiança não existe tal exigência, mas terão de ser pagas as despesas (art. 470 da CLT). Com cláusula explícita e implícita de transferência, pode o empregador transferir desde que exista a real necessidade de trabalho. Cláusula explícita = escrita, ou, cláusula implícita = estar subentendida no pacto laboral (ferroviário, aeronauta, motorista etc.).

Transferência provisória redunda em adicional de 25%, sempre em situação provisória, independentemente do cargo de confiança ou da existência de cláusula explícita ou implícita. Para parte da doutrina, a lei não diz literalmente em que casos cabe o adicional, contudo, o entendimento que prevalece é que esse só cabe na provisória — *vide* OJ n. 113 da SDI-I do TST.

Despesas de transferência (art. 470 da CLT) = reembolso de despesas (passagens, diárias, mudança, diária para viagem, numerário para imprevisto), que são devidas tanto na transferência provisória como na definitiva.

O empregado que for eleito para cargo de administração sindical não poderá ser transferido para lugar que lhe dificulte ou torne impossível o desempenho das suas atribuições sindicais — art. 543 da CLT. O empregado perderá o mandato se a transferência for por ele solicitada ou voluntariamente aceita (§ 1º do art. 543 da CLT).

3.8. SUSPENSÃO E INTERRUPÇÃO DO CONTRATO DE TRABALHO

O contrato de trabalho é de trato sucessivo, sinalagmático e prefere a modalidade de prazo indeterminado. Em algumas situações ocorrerá, contudo, a não execução de trabalho — na forma da interrupção ou suspensão do contrato de trabalho. Em ambas, portanto, existe a paralisação do trabalho; na interrupção haverá pagamento de salários, na suspensão, não. Ademais, em ambas, há incidência do art. 471 da CLT, que determina que ao empregado afastado do emprego são asseguradas, por ocasião de sua volta, todas as vantagens que, em sua ausência, tenham sido atribuídas à categoria a que pertence na empresa.

São previstas em lei, como normas de caráter imperativas, mas também em acordos, convenções coletivas ou ajustes das partes; contudo, quando estabelecido por mútuo acordo, há de atender aos interesses do trabalhador.

No caso do acidente de trabalho a empresa paga o dia do acidente e os quinze dias seguintes; a partir daí, o acidentado passa a receber pensão; o tempo de afastamento, de acordo com o art. 4º da CLT, conta para efeito de indenização; os recolhimentos destinados ao FGTS são mantidos — Regulamento do FGTS, art. 28, III.

No caso de serviço militar, são mantidos também os depósitos do FGTS; para efeito de férias conta-se o período do tempo anterior ao afastamento.

Também merece destaque especial a suspensão por causas econômicas e técnicas da empresa, introduzidas por Medidas Provisórias, a partir de 1988, que promove a suspensão coletiva dos contratos, mediante acordo ou convenção coletiva, pelo prazo máximo de cinco meses, sendo vedada nova suspensão pelo prazo de dezesseis meses; durante a suspensão, cessam os direitos trabalhistas, embora seja mantida a sua condição de segurado da Previdência, recebendo, ainda, o empregado, bolsa de qualificação profissional custeada pelo FAT — Fundo de Amparo ao Trabalhador —, *vide* art. 476-A da CLT.

Temos as seguintes hipóteses de **suspensão**:

- aborto: — não criminoso — duas semanas de descanso — pagamento pelo INSS — conta-se o tempo de serviço — *vide* art. 395 do CPC;
- auxílio-doença: quinze primeiros dias pagos pela empresa com contagem do tempo de serviço (§ 3º do art. 60 da Lei n. 8.213/91) — a partir do 16º dia, quem paga é o INSS (art. 59 da Lei n. 8.213/91) — o tempo de afastamento é computado para as férias (art. 131, III, da CLT) c/a exceção do art. 133, IV, da CLT;

- aposentadoria por invalidez: art. 475 da CLT c/c Súmula n. 160 do TST — contrato suspenso até efetivação do benefício;
- aviso prévio: horas não trabalhadas ou dias — típica interrupção do contrato de trabalho;
- empregado eleito diretor de sociedade anônima: Súmula n. 269 do TST — suspensão do contrato de trabalho;
- encargo público: há suspensão do contrato de trabalho — *vide* art. 472 da CLT — exemplos: vereador, deputado, senador, ministro etc.
- falta ao serviço;
- representação sindical — art. 543, § 2º, da CLT — é suspensão; quando o empregador por negociação paga os salários, é interrupção.

Temos as seguintes hipóteses de **interrupção**, a maioria no art. 473 da CLT:

- nojo ou luto: inciso I — não serão dias úteis, mas consecutivos — no caso do filho natimorto também se aplica — *vide* situação mais vantajosa dos professores (§ 3º, art. 320, da CLT);
- gala: inciso II — situação também mais vantajosa do professor no artigo supramencionado — casamento religioso comparado ao civil;
- nascimento de filho: inciso III — *vide* também a situação da licença-paternidade (§ 1º do art. 10 do ADCT) — para alguns, tais licenças não se acumulam;
- doação de sangue: inciso IV — não é venda de sangue, mas sim, doação;
- alistamento eleitoral: inciso V — a lei eleitoral determina que o empregador seja comunicado com 48 horas de antecedência para fim de se alistar ou requerer a transferência;
- exigências do serviço militar: inciso VI — é o exercício ou a cerimônia cívica do dia do reservista;
- prestação do vestibular — inciso VII;
- faltas abonadas (atestado médico) — *vide* atestados médicos — Súmula n. 282 do TST.
- testemunhas: art. 822 da CLT e 430 do CPP (jurados);
- ajuizamento de ação — inciso VIII do art. 473 da CLT;
- reuniões nos Conselhos — faltas abonadas — Previdência social e do FGTS;
- prisão preventiva do empregado — conta para férias quando impronunciado ou absolvido — art. 131 da CLT;

- férias — típica interrupção do contrato de trabalho;
- greve — suspensão (art. 7º da Lei n. 7.783/89) quando negociada e pagos os dias parados pelo empregador, é interrupção;
- inquérito para apuração de justa causa — julgado improcedente, é interrupção; procedente, é suspensão;
- intervalos — suspensão (§ 2º do art. 71 da CLT) — é interrupção para digitadores, mecanógrafos (art. 72 da CLT), mineiros (art. 298 da CLT) e nos frigoríficos (art. 253 da CLT);
- *lockout* — art. 73 da Lei n. 7.783/89 é interrupção;
- prontidão e sobreaviso — é interrupção, art. 244 da CLT;
- repouso semanal remunerado — é interrupção;
- salário-maternidade — é pago pelo INSS (120 dias); o tempo de serviço é contado normalmente;
- segurança nacional — interrupção nos três primeiros meses — art. 472, §§ 3º, 4º e 5º da CLT;
- serviço militar — art. 472 e § 5º do art. 15 da Lei n. 8.036/90;
- suspensão disciplinar, como o nome sugere, é suspensão — art. 474 da CLT;
- suspensão para qualificação profissional — art. 476-A da CLT;
- interrupção por falta de serviço na empresa — art. 133, III da CLT;
- conciliador nas comissões de conciliação prévia — âmbito sindical, é suspensão — art. 625-C, da CLT, e de interrupção — § 2º do art. 625-B da CLT;
- tempo necessário para a empregada gestante realizar consultas e exames — art. 392, § 4º, II, da CLT;
- afastamento do empregado até decisão da ação visando à anulação de transferência — arts. 469 e 659 da CLT —, interrupção.

Nos contratos por prazo determinado, como ficam as questões da suspensão e da interrupção? A tendência da doutrina e da jurisprudência parece ser de que após o cumprimento de tais prazos o processo volta a fluir, terminando de acordo com a realidade de seu termo. Amauri Mascaro Nascimento[31] se opõe a tal posicionamento por entender que, pela interpretação do art. 472, § 2º, da CLT, é das partes a responsabilidade por tal ajuste e, não havendo acordo de vontade, terminada a duração, ele estará extinto, apesar da suspensão ou da interrupção.

---

(31) NASCIMENTO, Amauri Mascaro. *Op. cit.*, p. 34.

Outra questão importante: pode o empregado ser dispensado durante o prazo de suspensão ou interrupção? A tendência da doutrina e da jurisprudência é firmar que não. Contudo, que se ressalve que não há no ordenamento jurídico nada impedindo a demissão em tais situações.

3.9. PROVA DO CONTRATO DE TRABALHO

A principal prova é a CTPS — art. 13 da CLT —, cujas anotações geram presunção relativa — Súmula n. 12 do TST —, ou seja, podem ser elididas por prova em contrário pela parte interessada em provar a falsidade ideológica do documento.

Não havendo CTPS assinada, servirão como meio para provar o alegado contrato de trabalho todas as demais provas admitidas em direito (depoimento pessoal, prova testemunhal, pericial etc.).

Se o reclamado nega o vínculo de emprego, o ônus de provar é do reclamante. Contudo, quando o reclamado nega alegando outra espécie de relação de trabalho (autonomia, estágio etc.), parte considerável da doutrina e da jurisprudência consideram que aí o ônus da prova recai sobre o reclamado, por se tratar de fato impeditivo.

O ônus de provar o término do contrato de trabalho por iniciativa do empregado é do empregador — Súmula n. 212 do TST —, ante o princípio da continuidade da relação de emprego, favorável ao empregado.

3.10. RENÚNCIA E TRANSAÇÃO

Renunciar é abdicar direitos. Os direitos trabalhistas são irrenunciáveis para a maioria da doutrina e da jurisprudência. Com algumas exceções: *vide* art. 500 da CLT, que permite ao empregado estável, com a assistência do sindicato, pedir demissão. O Direito Coletivo conhece também alguns casos de renúncias, como a redutibilidade salarial do art. 7º, VI, da CF/88 e da jornada de seis horas nos turnos ininterruptos de revezamento (art. 7º, XIV).

Vide ainda o teor da Súmula n. 330 do TST, que prevê quitações de direitos de parcelas constantes nos recibos de rescisão e pagas sem ressalva.

Transacionar é quando as partes fazem concessões recíprocas, diferencia-se da conciliação, que é um ato praticado no curso do processo mediante, muitas vezes, a iniciativa e a sempre chancela do Poder Judiciário, que poderá controlar o que está sendo transacionado, negando-se, por exemplo, a homologar acordos que violem interesses da ordem pública; por exemplo, em determinados casos, não convém homologar sem o reconhecimento do vínculo do emprego, ante interesse da Previdência e do FGTS.

A transação no curso do contrato encontra as limitações do art. 444 da CLT.

O termo de conciliação assinada na Justiça do Trabalho poderá quitar todos os outros pretensos direitos. Sobre o tema, ensina Süssekind: "As transações ocorridas na Justiça do Trabalho, sob a forma de conciliação dos dissídios individuais, são consideradas sempre válidas, uma vez que operadas sob a vigilância e a tutela da própria Magistratura especializada. O ajuizamento do dissídio individual revela a configuração não só da *res* dúbia, mas também da *res* litigiosa, sendo legítima assim a composição das partes mediante recíproca transação de questionados direitos."[32] As Comissões de Conciliação Prévia também têm poderes para proceder a eficácia liberatória de quaisquer pretensos direitos.

3.11. DANOS MORAIS, PATRIMONIAIS E ESTÉTICOS

Em especial, após a CF/88 (art. 5º, V e X), que definiu de vez que cabe indenização por dano moral e, ainda, graças à conscientização maior dos trabalhadores, houve considerável incremento de tais pedidos na área trabalhista. É considerável extensa a doutrina sobre as indenizações por danos, merecendo uma leitura mais abrangente junto aos civilistas.

Os elementos apontados são: a responsabilidade contratual (descumprimento do contrato) ou aquiliana (dever legal); o dano (diminuição do patrimônio ou da afetividade no caso do dano moral); o comportamento (omissivo ou comissivo); a injuridicidade e a culpa, abrangendo o dolo e também a culpa objetiva (exemplo no campo laboral da **atividade de risco** — art. 927 do CC); e, por fim, o nexo causal.

Sobre os **danos morais**, podemos classificá-lo como o detrimento à personalidade do empregador (honra, decoro, crenças políticas e religiosas, paz interior, bom nome e liberdade), que, por culpa do empregador, vem originar sofrimento. A CF/88 aduz que "a dignidade da pessoa humana é um dos fundamentos do Estado Democrático de Direito" (art. 1º, III) e prevê a possibilidade do dano moral (art. 5º, X).

O empregador, seus prepostos e demais empregados (art. 932, III, do CC) têm a obrigação de respeitar a personalidade moral do empregado na sua dignidade absoluta de pessoa humana; lembre-se, contudo, que há uma via de mão dupla, pois evidentemente cabe também ao empregado o mesmo respeito ao seu empregador.

As hipóteses mais recorrentes sobre o tema são: acusações infundadas, informações desabonadoras, assédio sexual ou importunação, assédio moral (exposição repetitiva de situações constrangedoras pelo empregador e por seus prepostos), tratamento desrespeitoso, investigações da vida privada, ou mesmo o dano físico (ex.: acidente de trabalho) etc.

---

(32) SÜSSEKIND, Arnaldo. *Op. cit.*, p. 234.

O *quantum* da compensação dependerá da avaliação do juiz sobre a intensidade do sofrimento, da repercussão da intensidade do dolo, da condição econômica do ofensor e, no sentido didático, da condenação; ou seja, evitar que o empregador repita o procedimento.

Sobre o **dano patrimonial**, é todo detrimento que não possa ser considerado dano moral, tendo quantificação objetiva no sentido de quanto perdeu (dano emergente) ou se deixou de receber (lucro cessante), seja pelo não cumprimento de obrigações contratuais ou legais. Entendemos que está fora dos direitos taxados pela CLT ou pelas demais leis trabalhistas esparsas.

Situação muito recorrente na Justiça do Trabalho tem sido a do **acidente de trabalho**, incluída a doença ocupacional, já que, se caracterizada a culpa objetiva (art. 927, parágrafo único, do CC) ou subjetiva do empregador no sinistro, ocasionando sequelas ou mesmo a própria morte, serão cabíveis tanto a indenização por dano patrimonial como por dano moral. É mais complexa, principalmente no caso de morte, a avaliação do *quantum*, necessitando-se de um maior aprofundamento.

O **dano estético** também poderá ser considerado, embora uma boa parte da doutrina lhe classifique no campo do dano moral, já que se trata da deformidade física que atinge a imagem, a dignidade humana. Enfim, acaba por entrar na esfera dos direitos personalíssimos.

3.12. ASSÉDIO SEXUAL E MORAL

Sobre o assédio sexual, a legislação trabalhista nada fala. Contudo, foi promulgada no Brasil a Lei n. 10.224, de 13 de maio de 2001, que alterou a redação do art. 216 do Código Penal, *in verbis*: "Art. 216-A. Constranger alguém com o intuito de obter vantagem ou favorecimento sexual, prevalecendo-se o agente da sua condição de superior hierárquico ou ascendência inerentes ao exercício de emprego, cargo ou função. Pena — detenção de 1 (um) a 2 (dois) anos."

Tal ordenamento representa importante evolução em nossa sociedade como forma de combater caprichos sexuais dos patrões ou chefes nas relações trabalhistas, a prática do assédio conduz à natural condenação em danos morais, além da possibilidade da rescisão indireta do contrato de trabalho (CLT, art. 483, letra *e*).

O assédio moral é o comportamento do patrão ou dos seus subordinados, ditados no dia a dia da relação, quiçá até sem tipificação penal, mas com o intuito de desestabilizar emocionalmente o empregado. Pode ser premeditado, para que o mesmo acabe pedindo demissão, ou mera questão de sadismo. Diferencia-se da mera agressão moral, já que essa pode ser caracterizada por um único ato, ao passo que o assédio insere-se em um processo. Caracterizado, possibilita a condenação da empresa em danos morais, além da rescisão indireta do contrato de trabalho (CLT, art. 483, letra *e*).

4 Do FGTS

O FGTS foi criado em 1966 — Lei n. 5.107, com vigência a partir de 1967 —, como forma de incrementar uma política de habitação, pois o empregado poderia efetuar o saque para o financiamento da casa própria. Entretanto, para muitos críticos, foi uma forma de acabar com a estabilidade, tornando mais barata a dispensa do empregado — primeiro momento histórico de flexibilização de direitos trabalhistas. Como vantagem ao empregado, foi alegado que seria um valor à disposição do mesmo, já que os depósitos mensais poderiam ser uma garantia em face de uma falência da empresa.

Antes de tal regime, tínhamos a chamada **indenização por tempo de serviço**, que significava que o empregado despedido sem justa causa, após completar um ano no mesmo emprego, receberia indenização de dispensa na base de um salário para cada ano, sendo que a proporção de mais de seis meses corresponde também a um salário. Ao completar dez anos no mesmo emprego, o empregado tornava-se estável, ou seja, só poderia ser mandado embora por justa causa apurada em ação especial — inquérito para apuração de justa causa.

Criou-se então uma "opção", ou seja, caberia ao empregado em sua contratação optar pelo regime que desejasse, mas, na prática, por pressão, a maioria dos trabalhadores era "optante". Havia ainda a opção retroativa, ou seja, para os empregados que não estavam vinculados ao FGTS.

A Constituição de 1988 disciplinou o FGTS no inciso III do art. 7º, fazendo desaparecer o sistema alternativo, respeitando a estabilidade decenal enquanto direito adquirido.

4.1. CONCEITO

O FGTS é um depósito bancário destinado a formar uma poupança para o trabalhador, que poderá ser sacado nas hipóteses previstas na lei. Os depósitos servem ainda como forma de financiamento para aquisição de moradia pelo Sistema Financeiro da Habitação. Passou a ser devido também para os empregados rurais a partir da CF de 1988. Quem era estável continuou a ser (art. 14 da Lei n. 8.036/90). Havia a possibilidade de se transacionar o período anterior à opção (§ 2º do art. 14 da Lei n. 8.030/90).

4.2. ADMINISTRAÇÃO

Através de um Conselho Curador com presidência do representante do Ministério do Trabalho — vide art. 3º da Lei n. 8.036/90 —, há participação paritária de empregados e empregadores. A CEF é o agente operador (art. 7º da Lei n. 8.036/90). A CEF assumiu a partir de 11.5.1991 o controle de todas as contas. Os depósitos são corrigidos pelo sistema de caderneta de poupança, com juros de 3% ao ano.

4.3. NATUREZA JURÍDICA

Quanto ao empregado: salário diferido, salário socializado, salário atual, prêmio etc. Quanto ao empregador: teoria fiscal, parafiscal e contribuição previdenciária.

4.4. CONTRIBUINTES E BENEFICIÁRIOS

O empregador, conceito amplo, vide art. 15, § 1º, da Lei n. 8.036/90. Os beneficiários são os trabalhadores regidos pela CLT, os avulsos, os rurais e os trabalhadores temporários. São facultativos os domésticos (Lei n. 10.028/2001) e os diretores não empregados (art. 16 da Lei n. 8.036/90).

4.5. DEPÓSITOS

A alíquota do FGTS é de 8%. Exceções: aprendiz (§ 7º do art. 15 da Lei n. 8.036) e Lei n. 9.601/98 (contrato temporário) é de 2%. A incidência é sobre as parcelas que integram o salário (§ 2º do art. 457 da CLT). Inclusive há incidência sobre o aviso prévio conforme Súmula n. 305 do TST. O prazo para o depósito é até o dia 7 do mês subsequente (art. 15 da Lei n. 8.036/90). As contas vinculadas em nome dos trabalhadores são absolutamente impenhoráveis (art. 2º, § 2º, da Lei n. 8.036 de 1990). Em 29.6.2001 surgiu a Lei Complementar n. 110. Contudo, com o objetivo de diminuir o déficit do Fundo, já que reconheceu diferença inflacionária, instituiu 0,5% em favor da União nos depósitos mensais. O prazo de vigência de tal contribuição social foi de sessenta meses.

4.6. LEVANTAMENTO

Extensas e sempre com modificações são as hipóteses. Portanto, o art. 20 da Lei n. 8.036/90 deve ser lido com acuidade pelo menos uma vez.

4.7. INDENIZAÇÃO

A indenização é de 40%, sendo de 20% havendo culpa recíproca ou força maior. É depositada na conta (art. 18, § 1º, da Lei n. 8.036/90). Contudo, Resolução do Conselho Curador do FGTS autoriza o pagamento direto ao empregador. É calculado sobre todos os depósitos feitos na conta vinculada (art. 18, § 1º, da Lei n. 8.036/90), incluindo os depósitos, correção monetária e juros existentes na data da rescisão contratual. Não poderão essas verbas integrar a partilha na hipótese de separação judicial — art. 1.668, V, e 1.659, VI, do CC de 2002. A Lei Complementar n. 110/2001 instituiu contribuição social de 10% em favor da União, excluindo apenas os empregadores domésticos, sendo que, ao contrário da majoração dos depósitos, não instituiu prazo de validade; portanto, o empregador, ao dispensar o empregado sem justa causa, pagará 40% ou 20% (previsões legais específicas) ao empregado e 10% aos cofres da União.

4.8. PRESCRIÇÃO

Conforme Súmula n. 362 do TST, "é trintenária a prescrição do direito de reclamar contra o não recolhimento da contribuição do FGTS, observado o prazo de 2 (dois) anos após o término do contrato de trabalho". Por seu turno, prescreve a Súmula n. 206 do TST: "a prescrição bienal relativa às parcelas remuneratórias alcança o respectivo recolhimento da contribuição para o FGTS". Ou seja, quando além do pedido de contribuição para o Fundo, pleiteia-se na ação o pagamento dos salários que constituíram a base de cálculo do FGTS.

4.9. COMPETÊNCIA

A Súmula n. 176 do TST prescreve: "a Justiça do Trabalho só tem competência para autorizar o levantamento do depósito do FGTS, na ocorrência de dissídio entre empregado e empregador e após o trânsito em julgado da sentença". Há legitimidade para reclamar recolhimentos o trabalhador, seu dependente, seus sucessores e o sindicato (art. 25 da Lei n. 8.036/90). Em reclamações de tal natureza, dispõe a lei sobre a necessidade da intervenção da CEF e do Ministério do Trabalho — arts. 25, parágrafo único, e 26 da Lei n. 8.036/90.

4.10. PROVA

O empregador é obrigado a comunicar mensalmente aos empregados os valores recolhidos ao FGTS e repassar-lhes todas as informações sobre suas contas (Lei n. 8.036/90, art. 17). A OJ n. 301 da SDI-I do TST transfere para o empregador o ônus da prova de recolhimento do FGTS.

5. DA ESTABILIDADE

É o direito do empregado de continuar no emprego mesmo à revelia do empregador, salvo a dispensa por justa causa ou o encerramento das atividades. A Lei Elói Chaves (1923) foi a primeira a prever estabilidade para os empregados ferroviários, entre outros, com o objetivo de garantir as caixas previdenciárias das categorias envolvidas. Depois disso, após várias leis dispersas sobre o tema, a CLT previu a chamada estabilidade decenal (arts. 492 a 500), que foi bastante enfraquecida pela instituição do FGTS, conforme já vimos.

5.1. DA ESTABILIDADE GENÉRICA

A CF/88 em vigor previu em seu art. 7º, inciso I, estabilidade genérica para todos os trabalhadores, mas remeteu para a criação de lei complementar a entrada em vigor do instituto: "I — relação de emprego protegida contra a despedida arbitrária ou sem justa causa, nos termos de lei complementar, que preverá indenização compensatória, dentre outros direitos". Por seu turno, nas disposições transitórias, em seu art. 10, assim estabeleceu a Constituição em vigor: "Até que seja promulgada a lei complementar a que se refere o art. 7º, I, da Constituição: I — fica limitada a proteção nele referida ao aumento, para quatro vezes, da percentagem prevista no art. 6º, *caput*, e § 1º, da Lei n. 5.107, de 13 de setembro de 1996". Portanto, a rigor, não há estabilidade, já que se aguarda a criação de lei complementar, sendo direito do empregador dispensar o empregado, bastando para isso pagar 40% do total do FGTS.

Ademais, não se deve esquecer toda a problemática envolvendo a Convenção n. 158 da OIT, assinada em 1982 e ratificada no Brasil em 1992, que vedava a despedida imotivada a não ser por: incapacidade ou motivo disciplinar relativo ao empregado; necessidade de funcionamento da empresa (motivo econômico, tecnológico, estrutural etc.). A par do embate jurídico, prevaleceu a tese de que somente lei complementar, conforme previsão constitucional, é competente para disciplinar tal matéria. Por fim, acabou o governo por denunciá-la em novembro de 1996 (Dec. n. 2.100/96). Contudo, temos várias figuras legais de estabilidade específica, como veremos.

Registre-se, ainda, a **Lei n. 9.029/95**, que proíbe adoção de qualquer prática discriminatória, tanto para admissão como para a demissão, representando, assim, salutar limite para o poder de demissão do patrão.

5.2. DAS ESTABILIDADES ESPECÍFICAS

A — DECENAL: Prevista pelo art. **492 da CLT**, aduz que "o empregado que contar com mais de dez anos de serviço na mesma empresa não poderá ser despedido senão por motivo de falta grave ou circunstância de força maior, devidamente comprovadas". Com a CF/88 deixou de existir tal instituto apenas se respeitando o direito adquirido. O art. 500 da CLT admite a renúncia por meio do pedido de demissão desde que haja a assistência do sindicato.

B — DIRIGENTE SINDICAL: Previsão do **inciso VIII, art. 8º da CF/88**: "é vedada a dispensa do empregado a partir do registro da candidatura a cargo de direção ou representação sindical e, se eleito, ainda que suplente, até um ano após o final do mandato, salvo se cometer falta grave nos termos da lei".

Fundamental é a **Súmula n. 369 do TST**: "I — É indispensável a comunicação, pela entidade sindical ao empregador na forma do § 5º do art. 543 da CLT. II — O art. 522 da CLT foi recepcionado pela Constituição Federal de 1988. Fica limitado, assim, a estabilidade a que alude o art. 543, § 3º, da CLT, a sete dirigentes sindicais e igual número de suplentes. III — O empregado de categoria diferenciada eleito dirigente sindical só goza de estabilidade se exercer na empresa atividade permanente à categoria profissional do sindicato para o qual foi eleito dirigente. IV — Havendo extinção da atividade empresarial no âmbito da base territorial, não há razão para subsistir a estabilidade. V — O registro da candidatura do empregado a cargo de dirigente sindical durante o período de aviso prévio, ainda que indenizado, não lhe assegura a estabilidade, visto que inaplicável a regra do § 3º do art. 543 da Consolidação das Leis do Trabalho".

O delegado sindical não goza de garantia de emprego por falta de previsão legal, já que não é diretor.

Conforme determinação do art. 8º, VIII, da CF/88, o dirigente sindical só pode ser demitido por justa causa; contudo, nem mesmo tal incidência permite sua imediata dispensa pelo empregador, já que o mesmo necessitará de interpor uma ação especial — o inquérito judicial para alcançar uma sentença desconstitutiva, ou seja, mera autorização de dispensa pela Justiça do Trabalho. Apesar de tal determinação estar inserida no capítulo da CLT que trata da estabilidade decenal, o TST entende que se aplica também ao dirigente sindical — Súmula n. 379.

C — MEMBROS DA CIPA: Determina o art. 164 da CLT a obrigação do empregador de constituir a Comissão Interna de Prevenção de Acidente (CIPA), em conformidade com as instruções expedidas pelo Ministério do Trabalho. Por seu turno, previsão legal do art. **10, II, *a*, do ADCT,** vedou a dispensa arbitrária ou sem justa causa do empregado eleito para cargo de direção de comissões internas de prevenção de acidente, desde o registro de sua candidatura até um ano após o final de seu mandado. Por seu turno, o art. 165 da CLT dispõe que "os titulares da representação dos empregados nas CIPAs não poderão sofrer despedida arbitrária, entendendo-se como tal a que não se fundar em motivo disciplinar, técnico, econômico ou financeiro". A **Súmula n. 339** estende a garantia ao suplente, mas aduz que ela cessa, do titular ou do suplente, ante extinção do estabelecimento. O cipeiro representante do empregador não tem estabilidade.

D — GESTANTE: Está prevista na **alínea *b*, do inciso II do art. 10 do ADCT,** que firma tal estabilidade "desde a confirmação da gravidez até cinco meses após o parto". A **Súmula n. 244** do TST traz importantes diretrizes: "I — O desconhecimento do estado gravídico pelo empregador não afasta o direito ao pagamento da indenização decorrente da estabilidade. II — A garantia de emprego à gestante só autoriza a reintegração se esta se der durante o período de estabilidade. Do contrário, a garantia restringe-se aos salários e demais direitos correspondentes ao período de estabilidade. III — Não há direito da empregada gestante à estabilidade provisória na hipótese de admissão mediante contrato de experiência, visto que a extinção da relação de emprego, em face do término do prazo, não constitui arbitrária ou sem justa causa".

E — ACIDENTADO: O art. **118 da Lei n. 8.213/91** dispõe que "o segurado que sofreu acidente de trabalho tem garantia, pelo prazo mínimo de doze meses, a manutenção do seu contrato de trabalho na empresa, após a cessação do auxílio-doença-acidentário, independentemente de percepção de auxílio-acidente".

F — OUTRAS ESTABILIDADES ESPECIAIS: MEMBRO DO CONSELHO CURADOR DO FGTS: — § 9º do art. 3º da Lei n. 8.036/90. MEMBRO DO CONSELHO DO CNPS — § 7º do art. 3º da Lei n. 8.212/91. DIRETORES DE SOCIEDADES COOPERATIVAS — art. 55 da Lei n. 5.764/71. MEMBRO DAS COMISSÕES DE CONCILIAÇÃO PRÉVIA — § 1º do art. 625-B da CLT, pode ser titular ou suplente. O TRABALHADOR REABILITADO OU DEFICIENTE HABILITADO — Lei n. 8.213/91, art. 93, § 1º, só pode ser demitido se a empresa colocar outro nas mesmas condições em seu lugar.

G — DEMAIS QUESTÕES: FALTA GRAVE — INQUÉRITO: para a estabilidade decenal e sindical, somente através de inquérito pode o contrato ser rescindido; nas demais, a dispensa é *ad nutum*, podendo, contudo, ser sustada via liminar. EXTINÇÃO DA ESTABILIDADE: morte, aposentadoria espontânea, força maior, falta grave, extinção do estabelecimento (dependendo do tipo de estabilidade) e pedido de demissão.

6 AVISO-PRÉVIO

O instituto é secular, já que o Código Comercial e Civil já falavam na necessidade de comunicação da ruptura do contrato de prazo indeterminado com percepção do salário no referido prazo. A matéria encontra-se hoje estruturada no art. 7º, inciso XXI, da CF/88 e nos arts. 487 e seguintes da CLT. Sendo o prazo de 30 dias, aguardava-se a regulamentação da "proporcionalidade do tempo de serviço".

A matéria foi aprovada pelo Congresso Nacional, em 21 de setembro de 2011, com o seguinte teor: "O aviso-prévio, de que trata o Capítulo VI, da Consolidação das Leis do Trabalho — CLT, aprovado pelo Decreto-Lei n. 5.452, de 1º de maio de 1943, será concedido na proporção de 30 (trinta) dias aos empregados que contem até 1 (hum) ano de serviço na mesma empresa. Ao aviso prévio previsto neste artigo serão acrescidos 3 (três) dias por ano de serviço prestado na mesma empresa, até o máximo de 60 (sessenta) dias, perfazendo um total de até 90 (noventa) dias." Portanto, o prazo do aviso-prévio é de no mínimo 30 dias e no máximo 90 dias.

Seu **conceito**: é a comunicação (forma escrita ou verbal, sendo mais segura a escrita) que uma parte do contrato de trabalho deve fazer a outra de que pretende rescindir o referido pacto sem justa causa, de acordo com o prazo previsto em lei, sob pena de pagar uma indenização substitutiva. Poderá ocorrer reconsideração da parte no curso do aviso-prévio, reconsideração que dependerá do aceite da parte contrária para a normal continuidade do contrato — *vide* art. 489 da CLT.

O aviso tem como **escopo** propiciar a obtenção de novo emprego pelo empregado e permitir que o empregador faça a devida substituição do empregado que pede demissão.

Seu efeito principal: com a **comunicação**, há a fixação da data em que o contrato deixará de existir. Seu efeito secundário: **reduz** o horário normal de serviço do empregado sem redução remuneratória, quando o que avisa for o empregador (art. 488 e parágrafo único da CLT), sendo que será de duas horas por dia ou serão concentradas essas horas em sete dias corridos, se não ocorrer redução, o aviso-

-prévio não tem validade e terá de que ser indenizado conforme a Súmula n. 230 do TST: "É ilegal substituir o período que se reduz da jornada do trabalho, no aviso--prévio, pelo pagamento das horas correspondentes."

O contrato vigora normalmente no prazo do aviso, ou seja, se inclui no tempo de serviço.

A **falta** de aviso prévio por parte do empregador dá ao empregado o direito aos salários correspondentes ao prazo do aviso, ou seja, aviso-prévio **indenizado**, garantida a integração de tal período para todos os efeitos legais (CLT, art. 487, § 1º), ou seja, há ficção legal de projeção do contrato por um mês para efeito dos cálculos de férias, gratificação natalina etc., até para a baixa na CTPS (OJ n. 82 da SDI-I do TST) e de indenização do art. 9º da Lei n. 6.708/79 (de um salário quando a demissão for dentro do trintídio que antecede a data-base da categoria).

Por outro lado, a falta de aviso-prévio por parte do empregado dá ao empregador o direito de descontar os salários correspondentes ao prazo respectivo (CLT, art. 487, § 2º).

Não é devido ante o fim do contrato por justa causa, sendo que essa pode ser dada até no curso do aviso-prévio — art. 491 da CLT. É devido, contudo, o aviso--prévio na despedida indireta — art. 487, § 4º, da CLT. Não é devido nos contratos de prazo determinado — *vide* a exceção do art. 481 da CLT. Cabe na rescisão antecipada de contrato de experiência — Súmula n. 163 do TST. E, se reconhecida a culpa recíproca, tem direito o empregado aos 50% do valor do aviso-prévio — Súmula n. 14 do TST.

É **irrenunciável** pelo empregado — *vide* Súmula n. 276 do TST: "O direito ao aviso-prévio é irrenunciável pelo empregado. O pedido de dispensa de cumprimento não exime o empregador de pagar o respectivo valor, salvo comprovação de haver o prestador dos serviços obtido novo emprego."

Sobre a remuneração do aviso quando os salários forem pagos por tarefa, será a média dos últimos doze meses; as horas extras integram o aviso — *vide* art. 487, §§ 3º e 5º da CLT. O FGTS incide sobre o aviso trabalhado ou não — Súmula n. 305 do TST.

7
A EXTINÇÃO DO CONTRATO DE TRABALHO

Os princípios protetivos do Direito do Trabalho preferem sempre a continuidade de relação de emprego, ante a ideia da segurança desejável para toda massa de trabalhadores. Contudo, por diversas razões, isso não é possível, e o fim do contrato de trabalho acarreta consequências jurídicas variadas, principalmente no que diz respeito às verbas trabalhistas que são devidas em tais ocasiões.

A CLT emprega a palavra "rescisão" como abrangente de todas as hipóteses de terminação do contrato de trabalho. A doutrina diverge na conceituação das diversas espécies. Contudo, dentro do rigor técnico, a classificação é a seguinte: resolução (inexecução faltosa por um dos contratantes, condição resolutiva, força maior); resilição (acordo ou direito potestativo); rescisão (casos de nulidades). Enfim, passamos a discutir suas diversas espécies.

DISPENSA DO EMPREGADO SEM JUSTA CAUSA: É quando o empregador rompe de forma imotivada o contrato de trabalho, como diz Tarso Genro: "o ordinário é a despedida, ato unilateral do empregador, num verdadeiro ato de justiça privada, que parte de um julgamento puro de conveniência em função de seus interesses de proprietário privado".[33] Podemos acrescentar que somente o instituto de estabilidade é capaz de romper com o direito do patrão em comento. Enfim, quando despedido, o empregado faz jus a: aviso-prévio trabalhado ou indenizado; saldo de salários; férias integrais e proporcionais acrescidas de 1/3; 13º salário integral e proporcional; 40% do FGTS; levantamento do FGTS; seguro-desemprego; indenização de um salário quando demitido nos trinta dias que antecedem a data-base — Lei n. 7.238/84.

PEDIDO DE DEMISSÃO: É ato unilateral; portanto, mera comunicação do empregado. Faz jus o empregado aos seguintes direitos: saldo de salários; férias

---

(33) GENRO, Tarso. *Op. cit.*, p. 34.

não gozadas simples ou em dobro acrescidas de 1/3; férias proporcionais, acrescidas de 1/3, mesmo que o empregado não tenha completado um ano de empresa (Súmulas ns. 171 e 261 do TST); gratificação natalina do ano em curso. Contudo, não poderá ter acesso ao seu FGTS e nem ao seguro-desemprego.

DISPENSA DO EMPREGADO COM JUSTA CAUSA: Conceito: ato faltoso grave, que autoriza a resolução do contrato de trabalho sem prévia manipulação judicial. A expressão "justa causa" é sinônimo, na prática, de "falta grave". Contudo, a última refere-se à dispensa do trabalhador estável, mas o cotidiano utiliza as expressões sem distinções.

É taxativa, já que a lei enumera as hipóteses de justa causa, às vezes tipificando-as, ou seja, descreve os fatos, outras vezes simplesmente os denomina, mas são amplíssimas as causas previstas — art. 482 da CLT. De qualquer sorte, Wagner Giglio explica: "capitular o comportamento do infrator nas figuras das justas causas da lei é tarefa do julgador, e não da parte, a quem cabe apenas narrar os fatos, pois a Corte tem o dever de conhecer o Direito (*Jura novit curia*)".[34]

Na justa causa, o empregado apenas faz jus ao saldo de salário, às férias não gozadas, simples ou em dobro, acrescidas do terço constitucional. Sobre as férias proporcionais, a matéria é polêmica, e tratamos mais adiante; lembramos que não terá acesso ao FGTS e nem ao seguro-desemprego.

São os seguintes os **requisitos** para caracterização da justa causa:

— **gravidade**: a conduta cometida pelo empregado deve ser grave o suficiente para aplicação da pena capital, devendo ser avaliada objetivamente (fatos e circunstâncias) e subjetivamente (figura do agente, sua personalidade, seu passado como empregado, grau de cultura etc.);

— **proporcionalidade**: a punição deve ser proporcional ao ato praticado, ou seja, existem outras penas como a advertência ou suspensão para situações menos graves;

— **atualidade ou imediatismo**: ou seja, imediata rescisão sob pena de se caracterizar o perdão tácito; em empresas grandes, é natural um tempo maior para apuração e escolha da pena; algumas fazem até sindicância, o mais importante é a apuração não se interromper (salvo motivo de força maior) e, assim que sair o resultado, o empregador tomar imediata atitude;

— **previsão legal**: se não houver previsão legal no art. 482 da CLT ou em outra norma, será nula a justa causa aplicada; é bem verdade que existem as chamadas valas comuns, como é o caso da figura do *mau procedimento*;

— **nexo causal**: *nexo de causa e efeito* entre a justa causa e os fatos;

---

(34) GIGLIO, Wagner. *Justa causa*. São Paulo: LTr, 2003. p. 56.

— **inexistência de punição anterior**, já que é vedada duplicidade de punição para o mesmo fato (ex.: suspender e demitir);

— **voluntariedade**: a conduta faltosa foi fruto da vontade do empregado.

Não há necessidade de forma especial de comunicação, pode ser até verbal; porém, há convenções e sentenças normativas prevendo carta de dispensa. Há empresas que fazem sindicância, mas na lei não há tal exigência legal. Quanto ao local da sua prática, a justa causa ocorrerá no estabelecimento ou fora dele.

Mesmo o empregado tendo o contrato suspenso ou interrompido, há possibilidade do cometimento de justa causa, mormente com as figuras que veremos a seguir, como a condenação criminal, negociação habitual, revelação de segredo etc.

Embora a condenação criminal não se comunique necessariamente com a trabalhista, temos na lição de Giglio que "se o Juízo Criminal entender, em decisão transitada em julgada, que o fato existiu, ou não ocorreu, que ficou provado que seu autor foi, ou não foi, o empregado, tais questões não podem mais ser discutidas no processo trabalhista, que deve necessariamente aceitar como válidas as conclusões do Juízo Criminal"[35] — *vide* art. 1.525 do Código Civil.

As tipificações são as seguintes:

- **improbidade**: falta de honestidade, caráter, honradez, via de regra, são faltas que atingem o patrimônio da empresa, como roubo, extorsão, furto etc. O ônus da prova é do patrão e a jurisprudência exige prova robusta. Havendo em andamento inquérito policial ou mesmo processo criminal em face do empregado, entendemos que não se deve suspender a reclamação trabalhista, já que é deveras demorada a solução na esfera penal. A suspensão do processo tem prazo de um ano (art. 110 do CPC) e a ação trabalhista e criminal são independentes;

- **incontinência de conduta**: a jurisprudência definiu como desregramento, via de regra, no tocante à vida sexual, como assédio sexual, pornografia, masturbação e cópulas no estabelecimento etc.;

- **mau procedimento**: é o comportamento irregular do empregado, incompatível com as normas exigidas pelo senso comum do homem médio, como tráfico de drogas, uso de entorpecente, falta de higiene etc.; aduz Wagner Giglio: "o conceito de mau procedimento é tão abrangente que só permite apuração pelo critério da exclusão; funcionando como vala comum, configura-se por todo ato faltoso grave, praticado pelo empregado, que não se enquadre em nenhuma das outras justas causas";

- **negociação habitual**: é a concorrência desleal com o empregador, como a abertura de uma empresa para realizar o mesmo tipo de negócio do seu empregador, os desvios de fregueses do patrão a fim de oferecer atendimento

---

(35) GIGLIO, Wagner. *Op. cit.*, p. 68.

na residência do cliente; a permissão do empregador descaracteriza a falta, seja expressa ou tácita. O objetivo da presente espécie de justa causa é resguardar o empregador contra a concorrência do empregado ou contra o prejuízo que sua atividade possa causar;

- **condenação criminal**: somente quando o processo criminal transitar em julgado e o empregado não puder comparecer ao serviço, por estar privado de sua liberdade; portanto, não interessa a carga emocional da questão penal, pelo menos para tal figura, e sim a objetividade da impossibilidade da prestação de serviços por conta da prisão; ex.: motorista da empresa condenado por assalto a um banco. Sobre a detenção para investigação ou prisão preventiva que se torne longa, impossibilitando a continuidade do contrato, preconiza Wagner Giglio a possibilidade da ruptura nos seguintes termos: "Ora, à falta de regulamentação especial, incide o direito comum, por força do disposto no art. 8º, parágrafo único, da Consolidação. E o art. 879 do Código Civil dispõe que, 'se a prestação do fato se impossibilitar sem culpa do devedor, resolver-se-á a obrigação'. Não fora suficiente, e o art. 1.229, III, do mesmo Código, regulando a locação de serviços, determina o rompimento do contrato por "enfermidade ou qualquer outra causa que torne o locador incapaz dos serviços contratados".[36] Em nosso sentir, são cabíveis, em tais situações, as verbas cabíveis na hipótese de morte do empregado;

- **desídia**: séries de atos reveladores do mau cumprimento dos deveres, com negligência, como as faltas reiteradas ao serviço sem justificação, a desorganização exagerada, a indiferença, o desinteresse etc.; é que há expectativa que o empregado se esforce com resultados quantitativos e qualitativos; uma característica importante, a desídia resulta de uma reinteração de atos faltosos; inclusive, ao analisar a gravidade, a jurisprudência tem exigido que o empregador procure ser didático, ou seja, tente corrigir o comportamento do empregado por meio de punições menores como a advertência e a suspensão. Ensina Wagner Giglio que "excepcionalmente, porém, registra a jurisprudência a caracterização da desídia por um só ato faltoso, quando este se reveste de clara e acentuada gravidade: o vigia que, por negligência, não detectou início de incêndio ou o motorista que fundiu o motor do veículo";

- **embriaguez**: no serviço ou habitual. No serviço, é aquela que se manifesta durante o expediente. A habitual ocorre com o chamado ébrio, mas não acarreta malefícios aos serviços, apenas abala a confiança do empregador. Abrange também todos os tipos de tóxicos que requerem tratamento e natural suspensão do contrato de trabalho para tal; jurisprudência mais social, tendendo a considerar tal empregado doente;

---

(36) *Ibidem*, p. 123.

- **violação do segredo da empresa**: são os conhecimentos que o empregado detém sobre produção e negócios da empresa e que não podem ser violados; não se confunde com a concorrência desleal, que importa em ato de comércio, como no exemplo do empregado que desenvolvia *software* para uso do empregador e o passava para outra empresa; não incide a revelação de segredos ilícitos para a autoridade competente ou as revelações que por ventura o empregado faça em juízo na qualidade de testemunha;

- **indisciplina**: descumprimento de ordens gerais, como sair fora do horário sem avisar o chefe; poderá haver justo conflito entre tais ordens e a cidadania do empregado, já que pode se conflitar com a igualdade, a liberdade de convicção filosófica e política, de associação etc. Caberá analisar em cada caso concreto se tais ordens não ferem os valores fundamentais constitucionais;

- **insubordinação**: descumprimento de ordens pessoais de serviço, como recusar-se a efetuar uma tarefa que lhe é ordenada; vale também o que já dissemos acima sobre os valores fundamentais;

- **abandono de emprego**: ausência continuada do empregado com o ânimo de não mais voltar. A jurisprudência exige às vezes trinta dias para analogia c/art. 474 da CLT;

- **ato lesivo à honra e boa fama**: honra é o respeito próprio, o decoro e a dignidade pessoal; boa fama é a estima pessoal, o respeito de terceiros. Portanto, o tipo aqui é a ofensa à honra do empregador ou de terceiro (relacionado ao serviço), mediante injúria, calúnia ou difamação, como expressão de baixo calão usada como resposta a uma solicitação do empregador;

- **ofensa física**: agressão, tentada ou consumada, contra o superior hierárquico, o empregador, o colega ou terceiros, no local do trabalho ou em estreita relação com o serviço; a legítima defesa fica excluída; ex.: briga com lesões corporais entre dois empregados; se ocorrer apenas ameaça, ficará caracterizado o mau procedimento;

- **prática constante de jogo de azar**: são jogos de azar apenas aqueles assim descritos pela legislação contravencional em vigor no país (ex.: jogo de bicho, roleta etc.); exige-se uma habitualidade e perspectiva de lucro, como ensina a doutrina; aplica-se, sobretudo, para empregados que exercem cargo de confiança ou aqueles que manuseiam de alguma forma bens da empresa.

OUTRAS FIGURAS DE JUSTA CAUSA: Atos atentatórios à segurança nacional (parágrafo único do art. 482 da CLT), alguns doutrinadores sustentam que tal artigo não foi recepcionado pela CF/88, já que é fruto de momento histórico próprio da ditadura militar, não tendo de fato qualquer aplicação prática; **bancários** pela falta de pagamento de dívida contumaz (art. 508); **ferroviário** que se recuse a fazer extras no caso de urgência ou acidente (art. 240 da CLT); **aprendiz** no caso de desempenho insuficiente, inadaptação ou ausência à escola que implique perda do ano letivo (art. 433, II e III da CLT); **segurança e higiene do trabalho**, ou seja, quando o empregado não usa os equipamentos de segurança ou não obedece às instruções (art. 158 da CLT); **manutenção de greve ilegal** (arts. 14 e 15 da Lei n. 7.783/89).

A CULPA RECÍPROCA: Há duas justas causas: uma do empregado outra do empregador — relações de causa e efeito; art. 484 da CLT, na prática tem ocorrência difícil, o exemplo mais recorrente é a agressão mútua. Reconhecida a culpa recíproca num contrato por prazo determinado, o empregado fará jus, a título de indenização compensatória, à metade dos 40% do montante do FGTS, ou seja, 20% (art. 18, § 2º, da Lei n. 8.036/1990), e, ainda, conforme Súmula n. 14 do TST, à metade do aviso prévio, do 13º salário e das férias proporcionais.

A DESPEDIDA INDIRETA: "É a forma de cessação do contrato de trabalho por decisão do empregado em virtude da justa causa praticada pelo empregador" (art. 483 da CLT) — é uma justa causa às avessas.

Diante da justa causa do empregador, três são as atitudes que pode adotar o empregado: (a) comunicar diretamente ao patrão sua resolução — sugerimos que seja por escrito e que se deixe claro, para não se confundir com pedido de demissão, tratar-se de uma despedida indireta; (b) afastar-se do serviço e propor ação denunciando o contrato; (c) permanecer em serviço e propor ação para obter o reconhecimento judicial da existência de justa causa, nas hipóteses das letras *d* e *g* do art. 483 da CLT, como explicaremos adiante.

Convém que o empregado comunique logo à empresa ou entre de forma mais rápida possível com a reclamação trabalhista. É indispensável da figura do processo judicial para definição dos fatos e decisão. Caso procedente terá direito ao FGTS, 13º proporcional e às férias proporcionais e mais os 40% do FGTS; se improcedente, terá direito às verbas trabalhistas como se tivesse pedido demissão.

As figuras da justa causa na dispensa indireta estão contidas no art. 483 da CLT, que são as seguintes:

— exigir do empregado serviços superiores a sua força (considerado individualmente, posto que a capacidade varia de pessoa para pessoa) ou proibidos por lei, contrários aos bons costumes ou alheios ao contrato de trabalho;

— tratar com rigor excessivo o empregado;

— expor o empregado a perigo ou mal considerável;

— descumprir as obrigações do contrato de trabalho; a mora salarial contumaz é o atraso salarial por três meses (Decreto-Lei n. 368/68); apenas o pagamento dos salários atrasados em audiência não elide a mora capaz de determinar a rescisão do contrato de trabalho (Súmula n. 13 do TST);

— agredir o empregado fisicamente, salvo em caso de legítima defesa;

— praticar ato lesivo à honra do empregado ou de sua família;

— reduzir o trabalho do empregado de maneira que diminua consideravelmente sua remuneração.

Exige a CLT o desligamento do empregado, ou seja, demanda em face do empregador afastado do emprego. Contudo, aduz o art. 483, § 3º, que, no caso da acusação de descumprimento contratual e redução do trabalho por peça ou tarefa afetando sensivelmente o ganho do empregado, possa o empregado escolher continuar na empresa ou se afastar. No caso de não afastamento, se procedente, o vínculo cessará até o último dia trabalhado com o pagamento de todas as verbas como se dispensado fosse; se improcedente a reclamação trabalhista, o vínculo de emprego segue normalmente.

OBRIGAÇÕES LEGAIS INCOMPATÍVEIS COM O EMPREGO: Obrigações legais incompatíveis com o emprego — § 1º do art. 483 da CLT (o empregado é eleito vereador, prefeito, deputado etc.); equivale a um pedido de demissão do obreiro sem a necessidade de aviso prévio.

MORTE DO EMPREGADOR: Quando pessoa física, se o negócio continua, poderá o empregado rescindir o contrato — art. 483, § 2º; na prática, apenas se libera de ter de cumprir o aviso-prévio; receberá as parcelas rescisórias tendo como causa seu pedido de demissão.

APOSENTADORIA: A aposentadoria espontânea do empregado não extingue automaticamente o contrato de trabalho, conforme posicionamento do STF. Portanto, continuando o empregado a laborar, fará jus, se despedido sem justa causa, a todas as verbas rescisórias, inclusive a indenização compensatória de 40% sobre o saldo da conta do FGTS correspondente a todo período de prestação de serviços (anterior e posterior à aposentadoria).

Se aposentado por invalidez, terá o contrato de trabalho suspenso pelo prazo que a lei previdenciária fixar; atualmente, de cinco, anos em função do art. 47 da Lei n. 8.213/91, somente havendo a extinção do contrato após a confirmação da invalidez permanente pela Previdência (CLT, art. 475).

Se o empregador requerer aposentadoria compulsória do obreiro, em virtude de ter alcançado 70 anos, se homem, e 65, se mulher, será devido ao trabalhador a multa de 40% sobre o FGTS, além das demais parcelas decorrentes de uma dispensa imotivada. Merece atenta leitura o art. 51 da Lei n. 8.213/91, que trata do tema: "A aposentadoria por idade pode ser requerida pela empresa, desde que o segurado empregado tenha cumprido o período de carência e completado 70 (setenta) anos de idade, se do sexo masculino, ou 65 (sessenta e cinco) anos, se do sexo feminino, sendo compulsória, caso em que será garantido ao empregado a indenização prevista na legislação trabalhista, considerada como data da rescisão do contrato de trabalho a imediatamente anterior à do início da aposentadoria."

FORÇA MAIOR: Art. 501 e seguintes da CLT. Caracterizada a força maior, o obreiro terá direito às verbas como se demitido fosse; contudo, se o empregado é antigo estável decenal, não receberá a indenização dobrada na forma do art. 479 da CLT, mas, sim, de forma simples, nos termos dos arts. 477 e 478 da CLT; nos contratos por prazo determinado, a indenização devida ao obreiro será de 20% dos depósitos do FGTS (metade da indenização normal de 40%); nos contratos a termo, a indenização prevista no art. 479 da CLT pela metade.

FACTUM PRINCIPIS: Indenização a cargo do governo responsável (art. 486 da CLT); se provado que houve terminação do contrato porque a empresa teve suas atividades paradas em virtude de ato da administração, entendemos que a dispensa é imotivada, gerando todos os direitos ao empregado, mas à administração cabe arcar apenas com os 40% do FGTS e o aviso-prévio indenizado; contudo, alguns apontam que a administração terá de arcar com todos os direitos.

FALÊNCIA E CONCURSO DE CREDORES: Atenção, porque não existe necessariamente a rescisão automática — direitos são normalmente devidos no caso da rescisão, apenas a Súmula n. 338 do TST destaca não serem cabíveis as multas dos arts. 467 e 477, § 8º, da CLT.

ACORDO (DISTRATO): Alguns doutrinadores admitem tal figura. Discordamos, pelo princípio da irrenunciabilidade dos direitos trabalhistas, não se reconhece na prática tal "negociação"; assim sendo, acaba prevalecendo a ideia de que o empregado, quando demitido, faz jus a todos os direitos para tal estilo de dispensa.

MORTE DO EMPREGADO: São direitos transferíveis o FGTS, as férias vencidas e proporcionais, assim como o 13º salário; não cabe aviso-prévio nem os 40% do FGTS. Sobre a partilha, irão receber os dependentes habilitados perante a Previdência Social; na falta desses, irão receber os sucessores indicados na lei civil.

EXTINÇÃO DA EMPRESA: Receberá o empregado seus direitos como se dispensado fosse, sem justa causa, a não ser que a extinção ocorra pelos motivos já vistos como força maior, *factum principis* etc.

RESCISÃO: É quando o contrato é rescindido por conta de alguma nulidade (capacidade, objeto ilícito, forma não prescrita em lei). Reportamo-nos ao item "das nulidades do contrato de trabalho", já que quanto aos direitos cabíveis haverá graduação, ou seja, quanto maior for o interesse público, menos direito. Quando se procura proteger o interesse do prestador, como no caso do menor, há tendência para se reconhecer todos os direitos.

CONTRATO A TERMO: Quando ocorre a extinção normal do contrato de trabalho, ou seja, dentro do decurso do prazo estipulado, o empregado fará jus à indenização das férias integrais mais um terço (se não gozadas), às férias proporcionais, acrescidas de um terço constitucional, e à gratificação natalina proporcional. Poderá ainda sacar o FGTS e ter acesso ao seguro-desemprego caso preencha as condições legais; não há necessidade do aviso-prévio, pois as partes já sabiam de seu natural término, nem a multa de 40% sobre o FGTS.

Quando rompido antes do término, há indenização especial prevista pelo art. 479 da CLT: "Nos contratos que tenham termo estipulado, o empregador que, sem justa causa, despedir o empregado, será obrigado a pagar-lhe, a título de indenização, e por metade, a remuneração a que teria direito até o termo do contrato." Já o empregado também não pode se desligar antes do termo sob pena de ter de indenizar o empregado, sendo que tal indenização limitar-se-á "àquela a que teria direito o empregado em idênticas condições" — art. 480, § 1º, da CLT.

Portanto, além dos direitos acima descritos, fará jus o empregado ao saque do FGTS e à indenização prevista pelo art. 479 da CLT. Conforme já mencionamos, cabe aviso-prévio indenizado para hipótese do contrato de experiência rompido antes do prazo legal — *vide* Súmula n. 163 do TST.

Se demitido por justa causa, o empregado fará jus às parcelas já descritas para tal estilo de demissão; no caso de rescisão indireta, fará jus às verbas como se a ruptura fosse do reclamado, como acima visto.

7.1. HOMOLOGAÇÃO DAS VERBAS TRABALHISTAS E SEGURO-DESEMPREGO

Há interesse público na regularidade dos pagamentos devidos ao empregado pela extinção do contrato de trabalho, daí a ideia da homologação como conferência e autorização pelo Ministério do Trabalho e Emprego e pelos sindicatos, daí mencionar o § 1º do art. 477 da CLT: "O pedido de demissão ou recibo de quitação de rescisão do contrato de trabalho, firmado por empregado com mais de 1 (um) ano de serviço, só será válido quando feito com a assistência do respectivo Sindicato ou perante a autoridade do Ministério do Trabalho e Emprego."

Quando na **localidade** de prestação de serviços não existir sindicato profissional ou o Ministério do Trabalho e Emprego, a assistência será prestada pelo representante do Ministério Público, ou, onde houver, pelo defensor público e, na falta ou no impedimento desses, pelo juiz de paz (art. 477, § 3º, da CLT).

Pagamento em dinheiro ou cheque visado, quando analfabeto o empregado, apenas por dinheiro — art. 477, § 4º, da CLT.

A **compensação**, feita no ato da homologação das verbas trabalhistas, somente pode ser operada entre parcelas de natureza salarial, não podendo exceder a um mês da remuneração do empregado.

Há **prazo** para pagamento (art. 477, § 6º, da CLT): se o aviso-prévio for trabalhado, ou mesmo tratando-se de contrato por prazo determinado, até o 1º dia útil imediato ao término do contrato; se o aviso-prévio não for trabalhado, até o 10º dia, contado da data da notificação da dispensa. O atraso acarreta multa no valor equivalente ao salário do obreiro (art. 477, § 8º, da CLT). Muitas dúvidas surgem sobre eventuais diferenças de verbas rescisórias adimplidas, ou seja, se caberia ou não aplicar tal multa quando não há pagamento integral de verbas que foram reconhecidas na sentença ou mesmo quando o vínculo de emprego tenha sido reconhecido por sentença.

Por fim, se destaca o art. **467 da CLT**: "Em caso de rescisão de contrato de trabalho, havendo controvérsia sobre o montante das verbas rescisórias, o empregador é obrigado a pagar ao trabalhador, à data do comparecimento à Justiça do Trabalho, a parte incontroversa dessas verbas, sob pena de pagá-las acrescidas de cinquenta por cento."

Já o **seguro-desemprego** é um benefício custeado pela Previdência Social que visa a prover o desempregado de forma temporária por conta de dispensa sem justa causa ou indireta.

Para tal benefício o empregado deve ainda preencher os seguintes requisitos:

— ter recebido salário nos últimos seis meses anteriores à data da dispensa;

— ter sido empregado ou exercido atividade autônoma pelo menos por quinze meses nos últimos 24 meses;

— não estar recebendo seguro-desemprego;

— não possuir renda própria de qualquer natureza suficiente à sua manutenção e de sua família.

O benefício é oferecido por um período máximo de cinco meses, sendo calculado com base na média dos três últimos salários do trabalhador, obedecendo um teto máximo. O período de concessão para o recebimento do benefício é de dezesseis meses e deve ser requerido pelo empregado em, no máximo, noventa dias de seu desligamento da empresa.

8 REMUNERAÇÃO E SALÁRIO

Ensina Arnaldo Süssekind: "A história do Direito do Trabalho confunde-se, em grande parte, com a evolução da prática salarial. Por ser o salário o principal, ou único, meio de subsistência do homem que trabalha, ele tornou-se um dos instrumentos para a prática da justiça distributiva e, portanto, para a consecução da justiça social."[37]

Amauri Mascaro Nascimento ressalta a doutrina social da Igreja Católica "que valorizou o princípio do salário vital e do salário justo, o primeiro corresponde às atuais intenções do salário mínimo e o segundo é o efetivamente contraprestativo do valor do trabalho segundo um critério de justiça social e equidade".[38]

Por seu turno, a escola marxista desenvolveu a ideia de que o trabalhador vende sua força de trabalho, portanto, o trabalho é uma mercadoria como outra qualquer, e o preço da mercadoria é determinado pelo tempo de trabalho socialmente necessário para sua produção. Daí um trabalhador mais escolado ganhar mais que um trabalhador braçal. Ademais, a ideia de capital nada mais é do que trabalho acumulado.

Na diretriz de importância ao salário se manifestaram a *Declaração Universal dos Direitos dos Homens* (1948), as Convenções e Recomendações da Organização Internacional do Trabalho e o constitucionalismo social, do qual é exemplo a Constituição Mexicana de 1917.

Em sede técnica, temos que o salário é pago diretamente pelo empregador, seja em dinheiro, seja em utilidades (alimentação, habitação etc.), por conta da prestação laboral ou mesmo na hipótese de interrupção contratual e de forma habitual (um prêmio ocasional, por exemplo, é uma verba não salarial). Portanto, podemos destacar: a continuidade de pagamento e a periodicidade como formas

---

(37) SÜSSEKIND, Arnaldo. *Op. cit.*, p. 234.
(38) NASCIMENTO, Amauri Mascaro. *Op. cit.*, p. 456.

caras para a doutrina definir a prestação como salarial. Outro destaque: a prestação é paga *pelo* trabalho e não *para* o trabalho. Porém, como veremos ao longo, basta uma frase do legislador, das súmulas ou mesmo do acordo ou da convenção coletiva para que todas as definições doutrinárias não sejam consideradas.

Já a remuneração inclui também a quantia recebida por terceiros — um dos exemplos típicos é a gorjeta —; tal conceituação advém do art. 457 da CLT, que assim dispõe: "Compreendem-se na remuneração do empregado, para todos os efeitos legais, além do salário devido e pago diretamente pelo empregador, como contraprestação do serviço, as gorjetas que receber." Daí a fórmula REMUNERAÇÃO = SALÁRIO + GORJETA. Em outras palavras: remuneração é gênero do qual salário é espécie; todo salário é remuneração, mas nem toda remuneração é salário.

Contudo, muitas vezes, a palavra "remuneração" é empregada como gênero compreendendo o salário (pagamento fixo) e outras parcelas como gratificação, adicionais etc., embora sem base legal, já que a diferenciação existente é a descrita acima.

8.1. GORJETA

A definição legal de **gorjeta** advém do § 3º do art. 457 da CLT: "não só a importância espontaneamente dada pelo cliente ao empregado, como também aquela que for cobrada pela empresa ao cliente, como adicional nas contas, a qualquer título, e destinada à distribuição dos empregados".

De modo que a gorjeta é paga pelo usuário do serviço de forma direta ao empregado ou indireta quando ela retribui uma equipe. Importa ainda citar a Súmula n. 354 do TST, que impõe uma série de restrições para tal instituto, já que algumas vantagens trabalhistas falam em salário, e não remuneração: "As gorjetas, cobradas pelo empregador na nota de serviço ou oferecidas espontaneamente pelos clientes, integram a remuneração do empregado, não servindo de base de cálculo para as parcelas de aviso-prévio, adicional noturno, horas extras e repouso semanal remunerado." Possui, contudo, importantes reflexos, como no 13º salário, nas férias e no FGTS, e no que mais houver que se refira à remuneração. O empregador terá de fazer a anotação da estimativa das gorjetas recebidas mensalmente pelo empregado para que seja computada no cálculo das parcelas mencionadas — *vide* art. 29, § 1º, da CLT.

Deve-se ainda prestar atenção para as chamadas **gueltas** (que em alemão significa troco). Dizem que constitui prática advinda do setor farmacêutico no sentido de o balconista receber gratificação do laboratório pelos remédios que consegue vender de fabricação do mesmo. Evidentemente, poder-se-á aplicar para outras atividades, como no ramo hoteleiro, a recomendação de um passeio, de um show, de um restaurante geralmente é premiada em dinheiro quando o cliente comparece, ou a mera distribuição de panfletos publicitários. Quando o patrão nada sabe, não entra na remuneração, quando sabe, não se opõe ou até participa, receberá o mesmo tratamento da gorjeta.

8.2. PRINCÍPIOS DE PROTEÇÃO AO SALÁRIO

Princípio da irredutibilidade salarial ou inalterabilidade — não se permite a redução, já que o art. 468 da CLT proíbe qualquer alteração, exceção da redução por norma coletiva conforme a previsão legal do art. 7º, IV, da CF/88. Princípio da Intangibilidade, já que o trabalhador tem de receber os salários normalmente, salvo as hipóteses do art. 462 da CLT e da Súmula n. 342 do TST, como veremos adiante.

8.3. NORMAS DE PROTEÇÃO AO SALÁRIO

As defesas do salário **em face do empregador** são:

— conforme art. 459, parágrafo único da CLT, qualquer que seja a modalidade de trabalho, o pagamento não poderá ser estipulado por período superior a um mês, devendo ser pago até o 5º dia útil subsequente ao mês vencido sob pena da incidência do índice da correção do mês subsequente ao da prestação dos serviços, a partir do dia 1º (Súmula n. 381 do TST), salvo quanto às comissões, percentagens ou gratificações (art. 4º, Lei n. 3.207/57, e art. 466 da CLT). Na contagem dos dias para o pagamento do salário, será incluído o sábado e excluído o domingo e os feriados (art. 1º, I, Instrução Normativa n. 1/89, Secretaria de Relações do Trabalho);

— sobre as comissões, temos que essas só são exigíveis depois de ultimada a transação a que se referem (art. 466 da CLT). Contudo, nas transações realizadas por prestações sucessivas, só é exigível o pagamento das percentagens e comissões que lhes disserem respeito proporcionalmente à respectiva liquidação; por fim, temos que a cessação das relações de trabalho não prejudica o recebimento das comissões e percentagens devidas;

— o contrato de trabalho, no caso de mora salarial, pode, a critério do empregado, ser rescindido como dispensa indireta pelo descumprimento das obrigações do empregador (CLT, art. 483, *d*);

— ao empregador é vedado efetuar qualquer desconto nos salários dos empregados, salvo quando esse resultar de adiantamentos, de dispositivo de lei ou de contrato coletivo (CLT, art. 462); segundo a Súmula n. 342 do TST, os descontos salariais efetuados pelo empregador, com a autorização prévia e por escrito do empregado, para ser integrado em planos de assistência odontológica, médico-hospitalar, de seguro, de previdência privada, ou de entidade cooperativa, cultural ou recreativa-associativa de seus trabalhadores, em seu benefício e de seus dependentes, não afrontam o art. 462 da CLT, salvo se for demonstrada a existência de coação ou de outro defeito que vicie o ato jurídico;

— em caso de dano causado pelo empregado, o desconto será lícito, desde que essa possibilidade tenha sido acordada, ou na ocorrência de dolo do empregado

(CLT, art. 462, § 1º); segundo a jurisprudência do TST, é lícito o desconto salarial referente à devolução de cheques sem fundos quando o frentista não observar as recomendações previstas em instrumento coletivo (OJ n. 251, SDI I — TST);

— o salário deve ser pago em moeda do país, entendendo-se como não realizado se for pago em outra moeda (CLT, art. 463); a moeda estrangeira pode apenas ser base de cálculo para conversão;

— o pagamento será feito mediante recibo (CLT, art. 464); contudo, a lei permite o depósito do salário em conta bancária aberta em nome de cada empregado, com o consentimento desse, em estabelecimento de crédito próximo ao local de trabalho (CLT, parágrafo único do art. 464); portanto, terá força de recibo o comprovante de depósito em conta-corrente;

— o pagamento será feito em dia útil e no local de trabalho, dentro do horário de serviço ou imediatamente após o encerramento desse (CLT, art. 465) — *vide* ainda a Portaria n. 3.281/84 do Ministério do Trabalho, no sentido de determinar ao empregador a disponibilidade do empregado para poder descontar o cheque com transporte, caso o banco seja longe do trabalho;

— vedação ao **truck system**, no sentido de impedir que a empresa mantenedora de armazém obrigue o trabalhador a adquirir produtos seus, muitas vezes, com preços excessivos, o que poderá levar o trabalhador à condição análoga a de escravo, situação infelizmente ainda encontrada no meio rural. De modo que determina a lei que quando não tiver o empregado acesso a outro estabelecimento que não seja do empregador, sequer poderá ter esse perspectiva de lucro na venda de seus produtos; além disso, o empregado sempre deverá ter acesso ao seu salário — *vide* os §§ 1º, 2º e 3º do art. 462 da CLT;

— retenção criminosa, a retenção dolosa do salário constitui crime (CF/88 art. 7º, X), havendo divergência doutrinária no tocante à necessidade de lei que defina o tipo penal ou sua inserção como uma das hipóteses de apropriação indébita (CP, art. 168).

A defesa do salário **em face dos credores do empregado** tem como garantia a Convenção n. 95 da OIT, que no seu art. 10 aduz não poder o salário ser objeto de penhora ou cessão, a não ser segundo as modalidades e nos limites estabelecidos pela legislação nacional.

No direito pátrio, o art. 649, IV, do CPC, aplicado subsidiariamente às relações trabalhistas, determina que são absolutamente impenhoráveis "os vencimentos, subsídios, soldos, salários, remunerações, proventos de aposentadoria, pensões, pecúlios e montepios, as quantias recebidas por liberalidade de terceiro e destinadas ao sustento do devedor e de sua família, os ganhos do trabalhador autônomo e os honorários de profissional liberal", salvo para pagamento de pensão alimentícia à esposa e aos filhos (art. 649, IV, do CPC). É bem verdade que na jurisprudência já se relativizou tal comando legal, deveras sendo o credor um hipossuficiente e o empregado receber um salário razoável. Aduz Orlando Gomes que "à exceção do Direito Brasileiro e Mexicano do Trabalho, as legislações trabalhistas dos outros países admitem a impenhorabilidade salarial, ganhando esta ideia mais força quanto maior for a remuneração do empregado e menor, destarte, a percentagem do mesmo que ele usa para sustentar a si e a sua família".[39] Acrescentamos ser justo penhorar partes do salário de um alto empregado que deva para um trabalhador modesto.

A defesa do salário em face dos **credores do empregador** tem como principal diploma legal a Lei n. 11.101/2005, que para o *plano de recuperação judicial* aponta que não poderá se prever prazo superior a um ano para o pagamento dos créditos vencidos derivados da legislação do trabalho, nem superior a trinta dias para o pagamento, até o limite de cinco salários mínimos por trabalhador, dos créditos de natureza estritamente salarial, vencidos nos últimos três meses anteriores ao pedido de recuperação judicial (art. 54). Na *falência*, aponta os créditos trabalhistas como privilegiados, contudo, limitados a 150 salários mínimos, sendo os saldos que excederem a tais limites como quirográficos — *vide* os arts. 83 e 84 do citado diploma legal.

8.4. CARACTERÍSTICAS DO SALÁRIO

— **caráter alimentar** do trabalhador e de sua família, princípio que pode ser utilizado para justificar, por exemplo, a urgência de uma liminar;

— **comutatividade**: equivalência, pelo menos simbólica, entre o serviço prestado e o valor pago;

— **sinalagmático**: prestação de serviços x salário;

— **caráter forfetário**: uma vez executado o trabalho, o salário é devido, independentemente de a dispensa ser por justa causa ou dos riscos da atividade econômica;

— **duração da continuidade do salário**: direitos e obrigações se renovam;

— **pós-numerário**: o salário é devido após o trabalho;

— **irredutibilidade salarial**: somente é reduzido por norma coletiva — art. 7º, inciso VI, da CF/88;

— **possibilidade da natureza composta**: pode ser pago parte em dinheiro e parte em utilidades;

— **determinação heterônoma**: o Estado intervém para fixar o mínimo de salário que pode ser contratado entre as partes, seja a espécie legal do salário mínimo ou os pisos salariais das leis profissionais ou das sentenças normativas.

---

(39) GOMES, Orlando. *Curso de direito do trabalho*. Rio de Janeiro: Forense, 1979. p. 710.

8.5. MODOS DE AFERIÇÃO DO SALÁRIO

— **tempo trabalhado ou à disposição do empregado**: é a fixação do salário por hora, dia, semana, quinzena ou mês, sendo que o art. 4º aduz que "considera-se como de serviço efetivo o período em que o empregado esteja à disposição do empregador, aguardando ou executando ordens, salvo disposição especial expressamente consignada"; diz-se que, embora seja o mais comum, tem como ponto negativo a possível apatia do empregado, que não tem interesse no resultado; por fim, que se observe que o tempo também é referencial para a data do pagamento, podendo o empregado ser mensalista, quinzenalista, semanalista ou mesmo diarista;

— **resultado obtido em função da produção**: podemos citar, como exemplo, empregados que recebem seus salários exclusivamente em proporção ao número de peças produzidas, trabalhos executados ou vendas; a Súmula n. 340 do TST dispõe que: "o empregado, sujeito a controle de horário, remunerado à base de comissões, tem direito ao adicional de no mínimo 50%, pelo trabalho em horas extras, calculadas sobre o valor-hora das comissões recebidas no mês, considerando-se como divisor o número de horas efetivamente trabalhadas". Portanto, não são devidas horas extras, mas sim, o adicional pelas horas a mais laboradas. Tal estilo traz dificuldades para cálculo dos salários, das indenizações, o afastamento do empregado; ademais, é criticado porque, ao contrário do anterior, pode o empregado ser obrigado a exaurir suas forças a fim de obter salário razoável; e também é comum, hoje, a exigência de metas, o que pode levar o trabalhador à fadiga física e/ou mental. O culto Tarso Genro expõe com maestria: "Ao contrário do que pensam alguns doutrinadores, o comissionamento e o pagamento do salário através de percentuais não premiam aquele que 'trabalha mais', mas, sim — quase sempre —, ao que tem talento para vender ou mesmo a mera habilidade 'negocial' do empregado, que nem sempre é talento, mas simulação e 'vivacidades'."[40]

— **por tarefa realizada em determinado tempo**: mais raro, permite-se que a remuneração do empregado seja fixada na modalidade tarefa, na qual o obreiro deve realizar, durante a jornada de trabalho, as tarefas determinadas pelo empregador. Cumpridas, mesmo antes do fim da jornada, o empregado pode se retirar ou trabalhar recebendo um acréscimo no preço da tarefa.

8.6. TIPOS DE SALÁRIOS

8.6.1. Salário básico

É o referencial sobre o qual serão calculadas as demais parcelas como os adicionais e as demais verbas cabíveis; ex.: prêmios, FGTS, horas extras etc.

---

[40] GENRO, Tarso. *Op. cit.*, p. 123.

8.6.2. Salário in natura

É definido salário *in natura* pelo art. 458 da CLT: "Além do pagamento em dinheiro, compreende-se no salário, para todos os efeitos legais, a alimentação, habitação, vestuário ou outras prestações *in natura* que a empresa, por força do contrato ou do costume, fornecer habitualmente ao empregado. Em caso algum será permitido o pagamento com bebidas alcoólicas ou drogas nocivas."

O § 3º do art. 458 da CLT estabelece que a habitação e a alimentação não poderão exceder, respectivamente, 25% e 20% do salário contratual; contudo, conforme dispõe a Súmula n. 258 do TST, tão somente para quem percebe salário mínimo, apurando-se nos demais o real valor da utilidade.

Tratando-se de habilitação coletiva, o valor do salário utilidade a ele correspondente será obtido mediante a divisão do justo valor da habitação pelo número de ocupantes; vedada, em qualquer hipótese, a utilização da mesma unidade residencial por mais de uma família (§ 4º do art. 458 da CLT).

8.6.3. Verbas não salariais

Existem verbas, recebidas pelo empregado, que não têm cunho salarial. Como explica Amauri Mascaro Nascimento, a finalidade de tal distinção se torna prática "em razão dos reflexos do salário, porque todo pagamento que tiver essa natureza é sobrecarregado com encargos devidos à Previdência Social e ao Fundo de Garantia, bem como serve de base para o cálculo de outras obrigações devidas pelo empregador ao trabalhador"[41].

Destarte, o § 2º do art. 458 da CLT determina que **não são salários as seguintes parcelas**: vestuários, equipamentos e outros acessórios fornecidos aos empregados e utilizados no local de trabalho, para a prestação de serviços; educação, em estabelecimento de ensino próprio ou de terceiros, compreendendo os valores relativos à matrícula, à mensalidade, à anuidade, aos livros e ao material didático; transporte destinado ao deslocamento para o trabalho e retorno, em percurso servido ou não por transporte público; assistência médica, hospitalar e odontológica, prestadas diretamente ou mediante seguro-saúde; seguro de vida; previdência privada.

Além das parcelas acima enumeradas, outras, por definição legal ou pela própria natureza, podem ser consideras não salariais. Aliás, a doutrina ensina que quando a utilidade recebida é *para o trabalho*, não é salário, e quando a utilidade é *pelo trabalho*, é salário. Contudo, mais uma vez frisamos que a lei ou as súmulas muitas vezes podem passar por cima de tal preceito doutrinário.

---

(41) NASCIMENTO, Amauri Mascaro. *Op. cit.*, p. 223.

A **Súmula n. 367 do TST** estabeleceu que a habitação, a energia elétrica e o veículo fornecido pelo empregador ao empregado, quando indispensáveis para a realização do trabalho, não têm natureza salarial, ainda que no caso do veículo seja ele utilizado pelo empregado também em atividades particulares.

A **participação nos lucros**, definida pela CF/88, em seu art. 7º, inciso XI, tem como escopo integrar capital e trabalho incentivando a produção, não é salário porque assim define a Constituição. A participação será obrigatoriamente objeto de negociação coletiva entre a empresa (excluindo-se a pessoa física e a entidade sem fim lucrativo) e seus empregados, por meio de negociação coletiva ou comissão escolhida pelas partes (contendo pelo menos um representante indicado pelo sindicato da respectiva categoria). Se a negociação fracassar, as partes poderão utilizar-se da mediação ou da arbitragem de ofertas finais, o árbitro deverá restringir-se a optar pela proposta apresentada, em caráter definitivo, por uma das partes. A referida parcela encontra-se hoje regulamentada pela Lei n. 10.101/2000, que exige: "regras claras e objetivas no tocante à fixação dos direitos substantivos da participação e dos mecanismos (adjetivos) de aferição das informações pertinentes ao cumprimento do acordado, periodicidade da distribuição, período de vigência e prazos para a revisão". Curiosamente, há embates no sentido de sua exigibilidade compulsória ou não; em caso positivo, se a mesma poderia ser determinada por meio de sentença normativa.

Também não são salário os **direitos intelectuais do trabalhador**, cuja Lei n. 9.279/96, nos arts. 89 a 92, define quando esses serão pertinentes. Em síntese, quando o empregado é contratado para inventos, a invenção pertence ao empregador; pertencerá exclusivamente ao empregado a invenção por ele desenvolvida desde que desvinculada do contrato do trabalho e não decorrente da utilização de recursos, meios, dados, instalações e equipamentos do empregador; será comum, em partes iguais, quando resultar da contribuição pessoal do empregado e de recursos, dados, meios, materiais, instalações ou equipamentos do empregador, ressalvada expressa disposição contratual em contrário; é garantido ao empregador o direito exclusivo da exploração do invento e garantida ao empregado uma justa remuneração pelo lucro obtido.

A Súmula n. 241 do TST aduz que o **vale-refeição** tem caráter salarial, contudo, quando a alimentação fornecida está de acordo com o Programa de Alimentação ao Trabalhador (PAT), Lei n. 6.312/76, não se considera salário utilidade.

O **vale-transporte** fornecido pelo empregador não tem natureza salarial — Lei n. 7.418/85, art. 2º, *a*; o empregador arcará com os gastos na aquisição de tantos vales quanto necessários para o percurso do trabalhador, podendo descontar dos vencimentos do empregado o equivalente a 6% de seu salário básico.

O **salário-família** e o salário-maternidade não são salários, mas sim, verbas previdenciárias; mesmo sendo pagas pelo empregador, há um sistema de compensação entre o empregador e o INSS. Sobre o salário-maternidade, *vide* no capítulo do trabalho da mulher; já o salário-família, no art. 7º da CF/88, que "são direitos dos trabalhadores urbanos e rurais, além de outros (...) XII — salário-família pago em razão do dependente do trabalhador de baixa renda nos termos da lei", acresce dizer:

— a prestação previdenciária é paga a empregado de baixa renda que tenha filho menor de 14 anos ou inválido;

— o valor da cota é fixo e o termo inicial corresponde à prova em filiação, contudo, se feita em juízo, corresponde à data de ajuizamento do pedido, salvo se for comprovado que anteriormente o empregador tenha se recusado a receber a respectiva certidão — Súmula n. 254 do TST.

A **alimentação advinda do PAT** — Programa de Alimentação do Trabalhador —, instituído pela Lei n. 6.321/76 e regulamentado pelo Decreto n. 5/91, tem como objetivo melhorar as condições nutricionais dos trabalhadores, reduzindo o número de acidentes de trabalho, repercutindo positivamente na qualidade de vida e aumentando a capacidade física do obreiro; além disso, há incentivo fiscal no imposto de renda. Tal verba não é salário (*vide* Orientação Jurisprudencial n. 133 do TST); porém, a empresa terá de cumprir uma série de exigências, sendo que a refeição poderá ser fornecida por ela própria ou através de *tickets*, cupons, cheques etc. A cesta básica ou mesmo o vale-refeição, quando advindos de norma coletiva, também não têm natureza salarial, do contrário, ou seja, alheio ao PAT ou às normas coletivas, serão considerados salários — *vide* inteligência da Súmula n. 241 do TST.

O **direito de imagem** constitui garantia fundamental de o cidadão poder expor publicamente sua própria imagem, de forma exclusiva e privada (CF/88, art. 5º, XXVIII). A cessão de uso dos direitos de imagem de um empregado, quando não inerente à própria natureza do trabalho (como no caso dos artistas profissionais), se faz por meio de instrumento particular, mediante pagamento de natureza civil; logo, não é salário.

O **direito de arena** (Lei n. 9.615/98, art. 42) se dá pela transmissão ou retransmissão de imagem de espetáculos ou eventos desportivos (20% do valor total da autorização, dividido em partes iguais pelos participantes). A jurisprudência tende a assemelhar o instituto às gorjetas, já que é recebido por terceiros — mas são devidos em função do contrato de trabalho.

O *stock option* é o plano pelo qual os empregadores oferecem aos seus empregados o direito de comprar ações da própria empresa, ou da sua matriz no interior, a um preço preestabelecido (via de regra, menor do que o praticado no mercado), dando--lhe certo prazo denominado *verting*. Ao entrar no mercado de ações, o empregado corre os riscos naturais de acionista, enfim, todas as possíveis operações de compra, venda e aquisição de lucros não são verbas salariais.

8.6.4. Sobressalário

São todas as parcelas que integram o complexo salarial em torno do chamado salário-base (importância fixa estabelecida). Determina o art. 457, § 1º, da CLT que: "Integram o salário não só a importância fixa estipulada, como também as comissões, percentagens, gratificações ajustadas, diárias para viagem e abonos pagos pelo empregador; aduz ainda no parágrafo segundo: "Não se incluem nos salários as ajudas de custo, assim como as diárias para viagem que não excedam de 50% do salário percebido pelo empregado."

Também são consideradas parcelas sobressalário: o adicional de horas extras, adicional noturno, adicional de insalubridade, periculosidade e o adicional de tempo de serviço.

Sobre os **ADICIONAIS** cabem as seguintes distinções:

— *de insalubridade*: quando há exposição a agentes nocivos à saúde acima dos limites de tolerância (CLT, art. 189 e seguintes), seu grau é mínimo (10%), médio (20%) ou máximo (40%), *vide* a matéria em capítulo próprio;

— *de periculosidade*: é o acréscimo de 30% sobre o salário-base, *vide* a matéria no capítulo próprio;

— *de atividade penosa*: não há regulamentação, *vide* a matéria em capítulo próprio;

— *de horas extras*: tem percentual mínimo de 50% acima da hora normal — *vide* art. 7º, XVI, da CF/88;

— *de período noturno*: mínimo de 20% acima da hora normal diurna (CLT, art. 73); se houver prorrogação da jornada noturna, as horas laboradas no período matutino serão pagas com o adicional noturno (Súmula n. 60, II, do TST);

— *de transferência*: mínimo de 25%. É devido apenas nas transferências transitórias (CLT, art. 469, § 3º).

O **abono** é uma parcela sobressalário e consiste em um adiantamento em dinheiro ou em uma antecipação salarial concedida ao empregado; conforme determina o art. 467, § 1º, da CLT, é considerado salário. Atente-se que também pode ser usado o termo significando expressão financeira paga de forma espontânea, desvinculada e sem periodicidade pelo empregador, não gerando expectativa de novo ganho; portanto, em tais casos não é salário.

As **diárias para viagens e ajuda de custo**: lembramos que, pela lógica do art. 2º da CLT, são do empregador as despesas da atividade econômica; portanto, as despesas do empregado durante sua atividade laboral são por conta do patrão e não são salários. Contudo, o legislador definiu objetivamente que não se incluem nos salários a ajuda de custo, assim como as diárias para viagem que não excedam

50% (cinquenta por cento) do salário recebido pelo empregado — § 2º do art. 457 da CLT. Com certeza, a intenção do legislador foi de evitar fraudes, ou seja, a possibilidade de o patrão pagar pequeno valor salarial mensal e substantiva quantidade de diárias, isentando-se de tributações que naturalmente o salário atrai.

Integram o salário, pelo seu valor total e para efeitos indenizatórios, as diárias de viagem que excedam a 50% (cinquenta por cento) do salário do empregado, enquanto perdurarem as viagens (Súmula n. 101 do TST). Tratando-se de mensalista, a integração das diárias no salário deve ser feita tomando-se por base o salário mensal por ele percebido, e não o valor do dia de salário, somente sendo devida a referida integração quando o valor das diárias, no mês, for superior à metade do salário mensal (Súmula n. 318 do TST).

O **prêmio**, se eventual, não integra o salário; é vinculado a fatores de ordem pessoal do trabalhador ou de um grupo de trabalhadores como a produção, a eficiência etc. São, então, exemplos: os prêmios de produção, de assiduidade, de economia e de antiguidade, além de outros que possam ser estipulados pelas empresas.

As **gratificações**, como o próprio nome indica, equivalem a *agradecimentos*, são valores pagos ao empregado por liberalidade da empresa ou por acordo ou convenção coletiva (ex.: gratificação por tempo de serviço ou por destaque do empregado) — há ainda a gratificação pela função comissionada. É salário, para todos os efeitos legais. A Súmula n. 203 dispõe que a gratificação por tempo de serviço integra o salário para todos os efeitos legais. Contudo, de acordo com a Súmula n. 253: "A gratificação semestral não repercute no cálculo das horas extras, das férias e do aviso-prévio, ainda que indenizados. Repercute, contudo, pelo seu duodécimo, na indenização por antiguidade e na gratificação natalina."

A denominada parcela *quebra de caixa*, dos bancários, é salário — *vide* Súmula n. 247 do TST.

O trabalhador pode receber tão somente por **comissões** ou **percentagens** desde que se garanta o salário mínimo e o piso da categoria, quando houver. A percentagem é proporcional ao volume monetário das vendas, o que não ocorre com a comissão, que não tem necessariamente forma percentual. Ademais, estabelece o art. 466 da CLT que o pagamento das comissões e percentagens só é exigível depois de ultimada a transação a que se referem. É importante a leitura da **Lei n. 3.207/57**, que regulamenta as atividades dos empregados vendedores-viajantes ou pracistas.

As **luvas** significam a importância paga pelo empregador ao atleta na forma do que for convencionado pela assinatura do contrato — *vide* art. 12 da Lei n. 6.354/76; tem sentido de encaixe perfeito nos moldes da empresa (havia antigamente a Lei de Luvas, que disciplinava a locação comercial). Tal parcela é considerada salário pela jurisprudência trabalhista; pode ser oferecida em dinheiro ou bens, mediante pagamento único e/ou parcelado.

8.6.5. Salário complessivo

Explica Carrion que "consiste na fixação de uma importância fixa ou proporcional ao ganho básico, buscando-se remunerar vários institutos sem se permitir que se visualize o valor isolado de cada parcela, sendo nulo o pagamento do mesmo". Portanto, é pagamento que não discrimina as verbas, o empregado fica com dificuldade ou mesmo sem condições de saber quanto recebeu atinente a cada parcela; o TST veda tal estilo de pagamento em sua Súmula n. 91: "Nula é a cláusula contratual que fixa determinada importância ou percentagem para atender englobadamente vários direitos legais ou contratuais do trabalhador."[42]

8.6.6. Salário mínimo

Decorre da intervenção do Estado para garantir por lei uma existência digna para o homem que depende de seu trabalho. É sabido e ressabido que a realidade do salário mínimo não corresponde na prática ao preceito constitucional, pois os valores fixados não satisfazem às necessidades de um trabalhador, muito menos de uma família; é uma promessa constitucional não cumprida. Assim, a CF/88, no art. 7º, inciso IV, fixa as seguintes regras:

— é garantido o salário mínimo a todo empregado;

— sua fixação é por lei, com unificação nacional de competência da União, com o complexo objetivo de atender às necessidades vitais do trabalhador e de sua família, permitindo, no entanto, que os Estados membros fixem pisos salariais diferenciados de acordo com a complexidade e extensão do trabalho — *vide* a Lei Complementar n. 103/2000; ou seja, a fixação do piso pode ser superior ao salário mínimo, tendo como referência grupos de trabalhadores (ex.: domésticos, açougueiros, eletricistas etc.);

— manutenção de seu valor mediante reajustes periódicos de modo a preservar o poder aquisitivo;

— proibição de que o salário mínimo sirva de fator básico para reajustes de preços ou honorários previstos em contratos civis ou comerciais. Entende-se que tal objetivo é de permitir seu aumento sem impacto inflacionário nenhum; é o que se explica que normas processuais, de direito penal e administrativo, entre outras, tenham nele referência e não sejam inconstitucionais; ademais, a OJ n. 71, do TST, aduz ser legal a estipulação do salário profissional em múltiplos do salário mínimo, malgrado existir sempre naturais tensões interpretativas, até porque a literalidade do texto constitucional é pela impossibilidade de qualquer atrelamento;

---

(42) CARRION, Valentin. *Op. cit.*, p. 345.

— referência na indicação das necessidades vitais do trabalhador e de sua família, que devem ser consideradas no seu cálculo e que são: moradia, alimentação, educação, saúde, lazer, vestuário, higiene, transporte e previdência social.

Os arts. 76 e seguintes da CLT regulamentam ainda o instituto; ao se referir a "dia normal de serviço", fica claro que sua fixação é para jornada normal de trabalho; portanto, se o trabalhador tem jornada inferior a 44 horas semanais ou 220 horas mensais na contratação, o salário mínimo poderá ser proporcional; para muitos, isso não se aplica aos domésticos que não têm tal restrição; outros entendem que para o doméstico pode ser aplicada a proporção semanal, ou seja, devem trabalhar seis dias na semana — se trabalharem três dias, por exemplo, podem receber a metade de um salário mínimo.

São espécies do salário mínimo: o *piso salarial*, que é fixado normalmente para todos os empregados de qualquer profissão em uma categoria — exemplo: piso salarial dos metalúrgicos; o *salário profissional*, que é o mínimo que pode ser pago para determinadas profissões e que é fixado por lei ou convenções coletivas; *salário normativo*, que é aquele fixado em sentença normativa proferida em dissídio coletivo pelos Tribunais do Trabalho.

8.7. EQUIPARAÇÃO SALARIAL

A **CF/88, no art. 7º, XXX**, proíbe qualquer diferença de salários por motivo de sexo, idade, cor ou estado civil. Como explica Amauri Mascaro Nascimento, "difundiu-se a ideia da necessidade de coibir os abusos e proibir a desigualdade salarial, principalmente entre homens e mulheres, mas também entre os homens que prestassem serviços de natureza igual".[43]

Com efeito, são recorrentes as reclamações trabalhistas para fins de equiparação salarial, sendo que o requerente da equiparação salarial chama-se paragonado, e o modelo, paradigma ou espelho. Além da Constituição, a matéria está disciplinada no **art. 461 da CLT** e em seus parágrafos — que a rigor criou restrições, verdadeiro movimento reducionista para a equiparação, mas que a doutrina e a jurisprudência aceitaram —, e ainda na **Súmula n. 6 do TST**, que devem ser lidas com muita atenção.

Podemos definir os requisitos da equiparação da seguinte forma:

— **identidade e tempo de função**: entre o requerente e o paradigma, sendo que o espelho não pode ter mais de dois anos na função do que o reclamante;

— **trabalho de igual valor**: é o que for feito com igual produtividade técnica e com a mesma perfeição técnica, entre pessoas cuja diferença de tempo de serviço na função não seja superior a dois anos;

---

(43) NASCIMENTO, *op. cit.*, p. 234.

— **mesmo empregador**: o trabalho realizado pelo requerente da equiparação salarial e pelo paradigma deve ser prestado pela mesma empresa. É questionável a possibilidade de o obreiro poder se servir de paradigma de empresa diferente, mas do mesmo grupo econômico. No nosso sentir, sim, já que a teoria mais moderna cinge que a solidariedade do grupo é ativa e passiva; ademais, a SBD-I do TST tem admitido a equiparação entre empregados de empresa terceirizada e integrantes da categoria profissional da empresa tomadora dos serviços (cf. TST-E-ED-RR-579/2006-003-18-00.5, Rel. Min. Aloysio Corrêa da Veiga, DJ de 22.8.2008);

— **mesma localidade**: o requerente da equiparação salarial e o paradigma devem laborar no mesmo município ou em municípios distintos que comprovadamente pertençam à mesma região metropolitana;

— **simultaneidade na prestação de serviços**: entre o equiparando e o paradigma; mas é desnecessário que ao tempo da reclamação os mesmos estejam ainda trabalhando juntos; entrementes, mera sucessividade não adianta, ou seja, quando um empregado sucede o outro na empresa não há que falar em equiparação;

— **inexistência de quadro organizado em carreira**: é a faculdade do empregador na adoção de quadro organizado em carreira, em que as promoções são feitas por antiguidade e merecimento; alternadamente, excluem o direito à equiparação salarial; o quadro de carreira tem de ser homologado pelo Ministério do Trabalho; nesse caso, o trabalhador poderá ajuizar reclamação para vindicar enquadramento ou reclassificação — *vide* Súmulas ns. 19 e 127 do TST. Explica Amauri Mascaro Nascimento que "justifica-se essa restrição porque o quadro já constitui uma prévia equiparação das funções semelhantes em torno de salários aproximados"[44];

— não cabe ainda equiparação salarial de **empregado público** da administração direta, autárquica ou fundacional — pelo art. 37, XIII, da CF/88, orientação pacificada no âmbito do TST pela Orientação Jurisprudencial n. 297 da SBDI do TST; também, empregados de empresa concessionária de serviço público absorvidos por empresa pública ou de economia mista não servem para paradigma — *vide* DL n. 855/69;

— **trabalhador readaptado**: em nova função, por motivo de deficiência física ou mental, atestada pelo órgão competente da Previdência Social, jamais servirá de paradigma para efeitos de equiparação salarial;

— **vantagens de caráter personalíssimo**: percebidas pelo empregado em razão de alguma circunstância que o diferencia dos demais (ex.: parcelas extintas por lei, mas com regra de transição incorporando-as ao salário de que já as recebia no momento da extinção da vantagem);

---

(44) *Ibidem*, p. 453.

Por fim, sobre o importante tema do **ônus da prova**, temos que cabe ao empregado provar a identidade de funções (fato constitutivo); ao empregador caberá demonstrar o fato modificativo, extintivo ou impeditivo do direito do autor, e que são exemplos todos os fatos acima analisados.

8.8. DESCONTOS NO SALÁRIO

O art. 462 da CLT somente admite descontos no salário do empregado em caso de adiantamento salarial, dispositivo de lei e convenção e acordo coletivo.

A Súmula n. 342 do TST admite o desconto no salário do empregado para planos de saúde, clubes, sindicatos etc., desde que haja prévia autorização legal, por escrito, e seja fruto do livre consentimento do trabalhador.

Em caso de dano causado pelo empregado, o desconto será lícito, desde que essa possibilidade tenha sido acordada, ou na ocorrência de dolo do empregado — art. 462, § 1º, da CLT.

Como já vimos acima, o art. 462, § 2º, da CLT proíbe o abuso no sistema de armazém ou barracão da empresa, realidade penosa no meio rural, consistente no *truck system*, vedando que o empregador venda ao empregado nesses galpões produtos a preços exorbitantes ao empregado, de forma a consumir todo o salário do trabalhador.

8.9. GRATIFICAÇÃO NATALINA

Tem origens nos costumes, já que empregadores gratificavam seus empregados com presentes ou dinheiro às vésperas do Natal. Sua instituição legal, embora tenha previsão na CF/88 em seu art. 7º, VIII, foi instituída pela Lei n. 4.090/62, a qual foi alterada pela Lei n. 4.749/65 e regulamentada pelo Decreto n. 57.155/65. Tais diplomas merecem leitura atenta; contudo, fazemos a seguinte síntese:

— no mês de dezembro, todo empregado tem direito ao recebimento de uma gratificação salarial, correspondente a 1/12 da remuneração devida em dezembro, por mês de serviço, do ano correspondente;

— a fração igual ou superior a quinze dias será vista como remuneração integral;

— percebendo remuneração variável, o cálculo será a média dos valores recebidos nos doze meses trabalhados;

— o pagamento será feito em duas parcelas: a primeira deverá ser paga até 30/11, e a segunda, até 20/12, compensando-se o valor adiantado sem nenhuma correção monetária;

— quando o empregado, no mês de janeiro, requerer o adiantamento da gratificação natalina, ela será paga no ensejo das férias do empregado, ou seja, a metade; o adiantamento consistirá na metade do salário percebido pelo empregado no mês anterior; ocorrendo extinção do contrato de trabalho antes do prazo, o empregador poderá descontar a parcela adiantada com os créditos trabalhistas do empregado;

— quando o empregado for dispensado por justa causa, não fará jus à gratificação proporcional do ano em curso;

— sendo o trabalhador dispensado sem justa causa, ou mesmo em caso de pedido de demissão pelo obreiro, terá direito ao 13º salário proporcional ao ano em curso;

— em caso de culpa recíproca, a Súmula n. 14 do TST esclarece que o empregado fará jus à gratificação natalina proporcional do ano em curso, no percentual de 50%.

DA JORNADA DE TRABALHO

Jornada de trabalho é tempo de trabalho ou tempo à disposição do patrão. Seguindo o art. 4º da CLT, a jornada de trabalho é o tempo à disposição do empregador, de modo que não prevalece só o tempo efetivamente trabalhado ou o tempo meramente à disposição do empregador no centro do trabalho. Ademais, há paralisações remuneradas que são incluídas na jornada, *vide* o pessoal da mecanografia (art. 72 da CLT) e também as chamadas "horas *in itinere*" (§ 2º do art. 58 da CLT), matérias que vamos ainda analisar. Além disso, ante matéria recentemente sumulada pelo TST: "Considera-se à disposição do empregador, na forma do art. 4º da CLT, o tempo necessário ao deslocamento do trabalhador entre a portaria e o local de trabalho, desde que supere o limite de 10 minutos diários."

9.1. ORIGENS DA REGULAMENTAÇÃO LEGAL

Não há dúvida que uma das primeiras preocupações dos trabalhadores nas origens de seus movimentos sindicais foi a de regulamentar a jornada máxima de trabalho, já que os registros são de jornadas selvagens que envolviam inclusive as crianças e mulheres. Há necessidade de se limitar a jornada de trabalho por razões biológicas (fadiga), sociais (trabalhador poder se inteirar na comunidade e família) e econômicos (menor a jornada, maior a produção; ademais, há quem sustente que sendo menor a jornada se aumentam os postos de serviços; não obstante que para lógica do capitalismo é necessário tempo livre para consumir), por razões de segurança (trabalhador exausto produz mais acidente de trabalho).

Daí a influência da Encíclica *Rerum Novarum* (1891) e do Tratado de Versailles (1919); com a criação da OIT (Organização Internacional do Trabalho), a aspiração sempre foi de oito horas diárias de trabalho com uma folga semanal. No Brasil, na década de 1930, várias leis esparsas já contemplavam tal jornada; a unificação dessas normas esparsas deu-se em 1940 com o Decreto-Lei n. 2.308, pelo qual passamos a ter a regra geral das oito horas e durações diferentes para determinadas profissões. A CLT (1943) incorporou o Decreto-Lei n. 2.308 e os regimes especiais.

A Constituição de 1988 manteve a duração diária de oito horas e reduziu a semanal de 48 para 44 horas.

Atualmente, não podemos deixar de citar a chamada individualização do trabalho no processo de produção, caracterizada principalmente pelos horários flexíveis e pelo teletrabalho, com a empresa moderna procurando redução permanente de custos e aumento de produtividade. Para certos setores exige-se que o empregado seja um "polivalente". A flexibilização de horário, com a organização da nova empresa, em sentido social, deveria permitir um aumento de postos de trabalho, e não, em sentido inverso, significar a diminuição dos mesmos.

9.2. DAS FONTES LEGAIS

A jornada de trabalho tem *status* constitucional, a saber, de acordo com nosso art. 7º da Constituição Federal:

— inciso XIII, que define a duração do trabalho normal como não superior a 8 horas diárias e 44 horas semanais, facultada a compensação de horários e a redução da jornada mediante acordo ou convenção coletiva;

— inciso XIV, que define a jornada normal de 6 horas para o trabalho em turnos ininterruptos de revezamento, salvo negociação coletiva (em revezamento, é a jornada na qual os turnos de trabalho alternam-se por períodos diferentes);

— inciso XVI, que estipula a elevação do adicional de horas extraordinárias para 50% no mínimo;

— inciso XXXIII, que proíbe o trabalho noturno para menores de 18 anos de idade.

Já a CLT contém regras gerais nos arts. 57 a 75 sobre jornada de trabalho, períodos de descanso, trabalho noturno, quadro de horário e penalidades. Além disso, há normas especiais para diversas categorias, como bancários (arts. 224 a 226), ferroviários (arts. 236 a 247), pessoal de frigoríficos (art.253) etc. Ademais, temos, recentemente promulgada, a chamada jornada a tempo parcial prevista pelo art. 58-A.

Há ainda leis esparsas, como a Lei n. 605/49, que dispõe sobre o importante repouso semanal remunerado e os feriados; leis que falam sobre atletas profissionais, médicos, trabalhador rural, trabalhador temporário, artistas, engenheiros etc.

As súmulas do TST também falam de jornada, *vide* as Súmulas ns. 63, 90, 110 etc.

As convenções e os acordos coletivos também poderão dispor sobre jornada.

Os regulamentos de empresas também poderão dispor sobre jornada.

O contrato individual de trabalho também pode decorrer sobre jornada de trabalho mediante ajuste expresso, verbal ou tácito, desde que melhore ainda mais para os empregados as disposições legais já existentes.

Sempre lembrando que para a aplicação do Direito do Trabalho a hierarquia das normas se coaduna com o princípio da norma mais favorável.

9.3. CLASSIFICAÇÃO DA JORNADA DE TRABALHO

De acordo com a doutrina de Amauri Mascaro Nascimento[45], é possível fazer a classificação teórica da jornada diária de trabalho da seguinte forma:

— **quanto à duração**: *ordinária*, quando não há horas extras, e *extraordinária*, quando há; *limitada*, quando há termo final para a sua prestação, de regra fixada em função do dia ou da semana; *ilimitada*, quando a lei não fixa limite; *contínua*, ou seja, sem intervalos, como no caso do empregado que trabalha até quatro horas diárias; descontínua, se tem intervalos; *intermitente*, quando há sucessivas paralisações, como a dos motoristas rodoviários; e a de *tempo parcial* (vide art. 130-A e seguintes da CLT).

— **quanto ao período**: *diurna*, quando entre 5 e 22 horas, nos centros urbanos, com outros critérios no meio rural; *noturna,* quando entre 22 horas de um dia e 5 horas do dia seguinte, sempre lembrando a duração reduzida da hora noturna, de 52 minutos e 30 segundos; *mista,* quando transcorre tanto no período diurno como no noturno; em *revezamento*, semanal ou quinzenal, quando num período há trabalho de dia, em outro, à noite, sendo mais encontrado entre nós o revezamento semanal. Sobre o trabalho **noturno**, acresce ainda dizer que:

- tem *status* constitucional, já que dispõe o art. 7º da CF/88 que "são direitos dos trabalhadores (...) além de outros (...) IX — remuneração do trabalho noturno superior à do diurno;
- terá remuneração superior à do diurno de pelo menos 20%;
- integra o adicional, pago com habitualidade, para todos os efeitos legais, sendo que cumprida integralmente a jornada no período noturno e prorrogada essa, devido também o adicional quanto às horas prorrogadas — Súmula n. 60, I e II do TST;
- a transferência para o período diurno de trabalho implica a perda do direito ao adicional noturno;
- quanto ao rural: a hora do trabalho noturno será computada como de 60 minutos; portanto, igual a do diurno, mas com acréscimo de 25%; sendo que na lavoura o horário é entre 21 e 5 horas, e na pecuária, entre 20 e 4 horas.

---

(45) NASCIMENTO, Amauri Mascaro. *Op. cit.*, p. 456 e seguintes.

— **quanto à condição pessoal do trabalhador**: será a jornada de mulheres, de homens e de adultos. Há implicações dessa definição quer quanto prorrogações — quanto a menores e mulheres —, quer quanto à totalização de hora de menores, uma vez que esses, em mais de um emprego, terão as horas somadas para fins da limitação diária da jornada normal (art. 414 da CLT);

— **quanto à profissão**: existem jornadas especiais para ferroviários, médicos, telefonistas, bancários, cabineiros de elevadores etc., sejam decorrentes de leis especiais ou da própria CLT. Vamos analisar os mais recorrentes:

- *advogado*: quatro horas contínuas e vinte semanais, salvo acordo ou convenção ou em caso de dedicação exclusiva (passa a ser regido pela lei geral); o adicional de horas é de 100% (art. 20 da Lei n. 8.968 — Estatuto); a jornada noturna é das 20 às 5 horas, e o adicional é de 25% (art. 20 do Estatuto);
- *bancário*: a duração é de seis horas (arts. 224-225 da CLT); com seis horas contínuas nos dias úteis, com exceção dos sábados, perfazendo um total de 30 (trinta) horas de trabalho por semana; a jornada ficará compreendida entre sete e 22 horas, com intervalo de quinze minutos para alimentação; poderá ser excepcionalmente prorrogada até oito horas diárias, não excedendo quarenta horas semanais; não se aplicam tais dispositivos aos que exercem funções de direção, gerência, fiscalização, chefia e equivalentes, ou que desempenhem outros cargos de confiança, desde que o valor da gratificação não seja inferior a um terço do salário do cargo efetivo (passam a ser regidos pela lei geral); o sábado do bancário é dia útil não trabalhado, não dia de repouso remunerado, assim não cabe a repercussão do pagamento de horas extras habituais em sua remuneração — Súmula n. 113 do TST;
- *telefonista*: seis horas diárias ou 36 horas semanais (art. 227 da CLT); é aplicável à telefonista de mesa de empresa que não explora o serviço de telefonia o disposto no art. 227 e seus parágrafos — Súmula n. 178 do TST;
- *professores*: arts. 318-319 e 320 da CLT; num mesmo estabelecimento de ensino, não poderá o professor dar, por dia, mais de quatro aulas consecutivas, nem mais de seis intercaladas; aos professores é vedado, aos domingos, a regência de aulas e o trabalho em exames; a remuneração dos professores será fixada pelo número de aulas semanais, na conformidade dos horários; o pagamento far-se-á mensalmente, considerando-se para esse efeito cada mês constituído de quatro semanas e meia;
- *jornalista profissional*: cinco horas (art. 303 da CLT);
- *médicos*: quatro horas (art. 8º da Lei n. 3.999/61);
- *cabineiro de elevador*: seis horas (Lei n. 3.270/57);
- *engenheiros*: seis horas (Lei n. 4.950 A/66).

— **quanto à remuneração**: a jornada é com ou sem acréscimo salarial; a jornada noturna é remunerada com adicional noturno; as extraordinárias com adicionais de horas extras; há horas extras sem acréscimos salariais, como as prestadas em decorrência de acordos de compensação de horas.

— **quanto à rigidez de horário**: há jornadas inflexíveis e flexíveis. Essas últimas não são previstas pela lei brasileira, porém podem ser praticadas. E são jornadas nas quais os empregados não têm horário fixo para iniciar ou terminar o trabalho; precisam cumprir determinado número de horas semanais e têm de estar presentes em determinados horários concentrados.

— **sobreaviso e prontidão**: sobreaviso é quando o empregado permanece à disposição do empregador para substituição de empregados que faltem ou para execução de serviços imprevistos; há previsão legal para ferroviários (art. 244, § 2º da CLT), aeronautas (Lei n. 7.183/84, art. 17), petroleiros (art. 5º, § 1º da Lei n. 5.811/72) e, pela jurisprudência, para eletricitários (Súmula n. 229 do TST); ninguém pode ficar de sobreaviso mais de 24 horas. Não caracteriza, segundo matéria recentemente sumulada pelo TST, "o uso de aparelho de intercomunicação, a exemplo do BIP, *Pager* ou aparelho celular, pelo empregado, por si só, não caracteriza o regime de sobreaviso, uma vez que o empregado não permanece em sua residência aguardando, a qualquer momento, convocação para o serviço", contudo, havemos de analisar cada caso, para verificar o grau de rigidez do "plantão", com a utilização de BIP, celular, *pager* ou *laptop*. A lei autoriza no sobreaviso a redução da remuneração horária para 1/3 do valor normal, no entanto, quando entra em função, o salário é integral. Prontidão é a jornada na qual o empregado fica nas dependências da empresa sem trabalhar, aguardando ordens de serviços. São contadas para todos os efeitos à razão de 2/3 (dois terços) do salário-hora normal; é prevista para ferroviários — art. 244, § 3º, da CLT.

— **quanto ao revezamento**: é quando o empregado tem constante mutação de seu horário de trabalho, ou seja, às vezes trabalha no turno da manhã, tarde ou noite, prejudicando sua saúde, suas atividades recreativas, educativas, culturais etc.; daí sua jornada ser reduzida pela Constituição (art. 7º, XIV), como acima visto; mesmo a empresa concedendo intervalo, a jornada normal é de seis horas diárias — vide Súmula n. 360 do TST, podendo, contudo, tal jornada ser flexibilizada por acordo ou convenção coletiva. Para Octávio Bueno Magano: "A jornada especial de seis horas prevista no art. 7º, XIV, da Constituição, está condicionada à existência concomitante de três fatores: *turnos* — quer dizer grupos de trabalhadores sucedendo-se na utilização do mesmo equipamento; *revezamento* — significando trabalhadores escalados para períodos diferentes de trabalho; e *ininterruptividade* — o trabalho executado sem intervalo para repouso e alimentação."[46]

---

(46) MAGANO, Octavio Bueno. *Op. cit.*, p. 238.

Contudo, como observamos, até pela citada súmula do TST, o foco principal está no revezamento que, ante os danos causados aos trabalhadores, justifica por si a jornada constitucional reduzida, independentemente dos outros dois fatores, ou seja, o essencial é o empregado trabalhar em turnos diurno e noturno, com sucessivas modificações de horário.

— **quanto ao tempo parcial**: é aquela cuja duração não exceda a 25 horas semanais, caso em que o salário a ser pago poderá ser proporcional à duração reduzida, observados os quantitativos pagos para os que cumprem, nas mesmas funções, tempo integral; dispõe o § 2º do art. 58-A que "para os atuais empregados, a adoção do regime de tempo parcial será feita mediante opção manifestada perante a empresa, na forma prevista em instrumento decorrente de negociação coletiva"; os empregados sob o regime de tempo parcial não poderão prestar horas extras — § 4º do art. 59 da CLT.

— **quanto ao regime de 12x36**: é muito comum em hospitais, vigias e vigilantes etc. Alguns entendem ser possível mediante convenção ou acordo coletivo; contudo, há julgados que firmam ser ilegal fixar jornada diária superior a dez horas, e daí cobrar adicional de extra da 11ª e 12ª horas; há ainda polêmicas sobre a necessidade da aplicação do fator na redução da jornada noturna e sobre a necessidade do intervalo; em suma, tal jornada tem sido crivo de debates jurisprudenciais, quiçá necessitando de solução definitiva por ser jornada muito utilizada.

9.4. DAS HORAS EXTRAS

Por que a jornada de trabalho sofre limitação legal? Para Karl Marx, o "capitalista afirma seu direito, como comprador, quando procura prolongar o mais possível a jornada de trabalho e transformar, sempre que possível, um dia de trabalho em dois". No campo histórico-sociológico, é na luta dos trabalhadores que se conquistou o direito à limitação das jornadas.

A rigor, reforçamos o que já falamos acima, que há fundamentos econômicos, uma vez que o aumento da produtividade está relacionado com o empenho satisfatório no trabalho; fundamentos humanos, porque a redução dos acidentes de trabalho está vinculada à capacidade de atenção no trabalho, portanto, insere-se até em questões de saúde e segurança; fundamentos políticos, porque é dever do Estado proporcionar condições satisfatórias de vida e de trabalho como meio de plena realização de objetivos políticos. Pode-se, mesmo, incluir fundamentos de ordem familiar, uma vez que o excesso de jornada de trabalho retira o marido e a mulher do lar, em prejuízo da família. E até para a lógica do capitalismo é necessário tempo livre mínimo para o consumo.

Em nosso ordenamento, a jornada máxima é da Constituição, ou seja, oito horas por dia e 44 horas semanais, sendo que há o limite máximo de duas horas extras por dia, previsto no art. 59 da CLT; o empregador não poderá exigir mais que duas horas extras por dia. Contudo, temos que a jurisprudência acabou por admitir jornadas de 12x36 (doze horas de trabalho por trinta e seis horas de descanso), 12x12 ou 24x36.

Ademais, "não serão descontadas nem computadas como jornada extraordinária as variações de horário no registro de ponto não excedentes de cinco minutos, observado o limite máximo de dez minutos diários" — art. 58, § 1º, da CLT. Se ultrapassado esse limite, será considerada como extra a totalidade do tempo que exceder a jornada normal — Súmula n. 366 do TST.

Assim sendo, temos as horas extras como aquelas que vão além da jornada normal que as fontes jurídicas estudadas fixaram e que são pagas com acréscimo legal de 50% ou mais, de acordo com outra fonte mais favorável. São sempre devidas mesmo que prestadas sem os acordos de prorrogações que serão vistos; do contrário, haveria enriquecimento ilícito do patrão; ademais, tal proibição é justamente para proteger o hipossuficiente.

Até mesmo o empregado que recebe por comissão tem direito ao adicional de horas extras, nos termos da **Súmula n. 340 do TST**: "O empregado, sujeito a controle de horário, remunerado à base de comissões, tem direito ao adicional de, no mínimo, 50% (cinquenta por cento) pelo trabalho em horas extras, calculado sobre o valor-hora das comissões recebidas no mês, considerando-se como divisor o número de horas extras efetivamente trabalhadas."

Quanto ao empregado que recebe por produção, prevalece o entendimento da Orientação Jurisprudencial n. 235 da SDI-I do TST: "O empregado que recebe salário por produção e trabalha em sobrejornada faz jus à percepção apenas do adicional de horas extras."

Reflexos das horas extras: as horas extras pagas habitualmente integram o salário para os cálculos de trezentos, de repouso semanal remunerado, de remuneração de férias, de recolhimentos previdenciários. Havendo habitualidade ou não, haverá incidência no FGTS, por se tratar de salários.

O cálculo do valor das horas extras habituais, para efeito de reflexos em verbas trabalhistas, observará o número de horas efetivamente prestadas, e a ele aplica-se o valor do salário-hora da época do pagamento daquelas verbas — Súmula n. 347 do TST.

As horas extras estão proibidas: a) aos menores de dezoito anos (salvo ocorrência de força maior); b) no trabalho em regime de tempo parcial.

9.5. HORAS IN ITINERE

A fonte legal é o art. 58, § 2º, da CLT, e a Súmula n. 90, I, do TST. É o tempo que o reclamante leva no transporte até chegar ao local de trabalho, desde que a condução seja fornecida pelo empregador e o local de trabalho seja de difícil acesso, ou não, servido por transporte público. Curiosamente, temos que não está o trabalhador em tal caso aguardando ordem ou a executando. Contudo, é jornada se estiver dentro das condições descritas. Ficou ainda estabelecido que:

— a incompatibilidade de horário entre o transporte público e o início e término da jornada de trabalho do empregado dá azo à percepção das horas *in itinere* (Súmula n. 90, II, do TST), o mesmo não ocorrendo com a insuficiência do transporte público, que não constitui hipótese de percepção das horas *in itinere* (Súmula n. 90, III, do TST);

— se apenas parte do percurso até a empresa é servido por transporte público regular, as horas *in itinere* são devidas apenas em relação a esse trecho não coberto pelo transporte público (Súmula n. 90, IV, do TST); ou seja, na hipótese de a empresa "pegar o empregado em casa", só são horas *in itinere* o trecho que esteja nas condições supra;

— sobre as horas *in itinere*, como computáveis na jornada de trabalho (Súmula n. 320 do TST), incide o adicional de horas extras (Súmula n. 90, V, do TST);

— o fato de o empregador cobrar, parcialmente ou não, importância pelo transporte fornecido, para o local de difícil acesso, ou não, servido por transporte regular, não afasta o direito à percepção das horas *in itinere*.

— poderão ser fixados, para as microempresas e empresas de pequeno porte, por meio de acordo ou convenção coletiva, em caso de transporte fornecido pelo empregador, em local de difícil acesso ou não servido por transporte público, o tempo médio despendido pelo empregado, bem como, forma e a natureza da remuneração (art. 58, § 3º, da CLT).

9.6. *ACORDO DE PRORROGAÇÃO DE HORAS*

É o ajuste de vontade entre empregado e empregador, tendo por fim legitimar a prorrogação da jornada normal de trabalho — *vide* art. 59 da CLT. O acordo é escrito e, se individual, basta um documento assinado pelo empregado expressando sua concordância em fazer horas extras. Poderá ser, ainda, efetuado mediante acordo ou convenção coletiva.

Poderá o acordo ser de prazo determinado e indeterminado, podendo ser desfeito pelos mesmos meios com os quais se constituiu. A rigor, poderá ter um distrato, portanto, bilateral ou unilateral. Contudo, a recusa pelo empregado em cumprir horas extras, havendo acordo de compensação, o sujeita à mesma disciplina de todo contrato de trabalho. Registra-se, também, que o rompimento unilateral do patrão poderá acarretar a indenização da **Súmula n. 291** do TST, que determina o pagamento de uma indenização ao empregado, contraprestativa da supressão das horas extras. O cálculo observará a média dessas horas nos últimos 12 meses, multiplicado pelo valor da hora extra do dia da supressão.

O efeito é que a jornada poderá ser acrescida de até duas horas, portanto, o acordo é instituído para que o empregador possa utilizar o trabalho em horas extras de acordo com a conveniência da produção, sendo que a lei não restringe o total das horas por semana, por mês ou por ano, sendo comum o trabalhador fazer duas horas extras diárias.

Nas atividades insalubres e de periculosidade, quaisquer prorrogações só poderão ser ajustadas mediante licença prévia do Ministério do Trabalho — *vide* art. 60 da CLT. Não haverá tal necessidade quando a prorrogação ou compensação advém de acordo ou convenção coletiva — Súmula n. 349 do TST.

9.7. SISTEMA DE COMPENSAÇÃO DE HORAS

É a possibilidade de que, mediante acordo ou convenção coletiva com o sindicato, se possa ter **compensação semanal** (compensação principalmente dos sábados não trabalhados) ou anual de horas de trabalho (**banco de horas**).

Na compensação semanal, em prática por muito tempo, e **coerente com o art. 7º, inciso XIII, da CF/88**, destarte se distribui 44 horas em cinco dias na semana, de segunda a sexta-feira, não podendo ultrapassar duas horas extras diárias e nem desrespeitar o descanso intrajornada.

No banco de horas, a compensação é muito mais arrojada e geradora de polêmicas; em suma, o empregador terá o prazo máximo de um ano, ou menos, se estabelecido nos acordos e nas convenções coletivas para fazer as compensações — *vide* art. 59, § 1º e 2º da CLT. Portanto, nos dois sistemas não se pode trabalhar mais de duas horas por dia.

Muitas vezes, as horas extras relacionadas ao banco de horas não são compensadas, já que o empregado acaba sendo demitido antes. Assim, haverá o pagamento das mesmas no conjunto das verbas rescisórias com o adicional cabível de horas extras.

Prevê a **Súmula n. 85 do TST** que "a compensação de jornada de trabalho deve ser ajustada por acordo individual escrito, acordo coletivo ou convenção coletiva. O não atendimento das exigências legais não implica a repetição do pagamento das horas excedentes, sendo devido apenas o respectivo adicional".

Sobre o acordo poder ou não ser individual, prevalece o entendimento do TST (Súmula n. 85 do TST), que admite a validade do acordo individual para compensação de horas, salvo se houver norma coletiva em sentido contrário. Já na modalidade de "banco de horas", essa somente pode ser instituída por negociação coletiva.

9.8. HORAS EXTRAS EM CONDIÇÕES ESPECIAIS

São as que necessitam ser executadas para atender aos interesses da empresa por conta de fatos que estão fora da rotina; a solidariedade do obreiro é legalmente exigida, com adicional de 50%, conforme fixação da CF/88, que nada excepcionou (de acordo com o texto da CLT, na força maior, não há o adicional e não cabe pagamento sequer das horas extras e quando para repor as paralisações de trabalho); *vide* os casos:

— **nos casos de força maior**: é o acontecimento imprevisível, inevitável, para o qual o empregador não concorreu (incêndio, inundação etc.) — *vide* art. 61 da CLT; a CLT (art.413, II) autoriza até o empregado menor de 18 anos a, excepcionalmente, prestar horas extras que, somadas às normais, não poderão ultrapassar doze horas diárias;

— **conclusão de serviços inadiáveis**: são os que devem ser concluídos na mesma jornada de trabalho para não causarem prejuízos (produtos perecíveis, serviço de transporte), em número máximo de até quatro por dia, totalizando doze horas de trabalho diário e exigência de comunicação à Superintendência Regional do Trabalho — *vide* art. 61, § 1º, da CLT;

— **horas extras para reposição de paralisações**: a empresa pode sofrer paralisações decorrentes de causas acidentais ou de força maior, como a interdição da área em que atua para serviços públicos; o art. 61, § 3º, da CLT autoriza, mediante prévia concordância da Superintendência Regional do Trabalho e durante o máximo de 45 dias por ano, o exercício de duas horas extras por dia. Há controvérsias no sentido de que tais horas não deveriam ser pagas para se evitar o *bis in idem*; contudo, entendemos que prevalece o risco do empreendimento e que o empregado não concorreu para tal situação.

9.9. EMPREGADO EXCLUÍDO DA PROTEÇÃO LEGAL DA JORNADA DE TRABALHO

É o caso dos que exercem **função de confiança** com percepção de gratificação de 40%, ou majoração salarial correspondente a 40%, dos que exercem **atividades externas** incompatíveis com o controle da jornada — *vide* art. 62 da CLT. Além disso, temos os **empregados domésticos**, aos quais não se aplica a CLT. Na prática, tais trabalhadores não têm direito, principalmente, às horas extras, ao adicional noturno e à jornada noturna reduzida.

No exercício do poder de gestão, analisado em cada caso concreto, é que caracteriza o cargo de confiança. Muitas vezes, não é uma tarefa fácil avaliar se o cargo é ou não de confiança, em razão da abstração do conceito. Contudo, a jurisprudência aponta como exemplo o poder do empregado de assinar pela empresa, de punir subordinados, de contrair empréstimos etc. Além do cargo de confiança, exige a lei a diferenciação salarial de no mínimo 40%. Situação curiosa é quando o empregado é contratado diretamente para um cargo de confiança, de gerente, por exemplo; nesse caso, presume-se que deverá perceber 40% a mais do que seu subordinado (seu subgerente).

Os trabalhadores externos são aqueles empregados cujo trabalho não é efetivamente controlado, nem mesmo através de metas a serem cumpridas ou visitações ou relatórios etc. São exemplos desses trabalhadores os empregados em domicílio, os teletrabalhadores, os vendedores pracistas etc. É claro que o tema tem de ser analisado à luz do princípio da primazia da realidade, ou seja, o patrão pode estipular que o trabalho é externo, mas, ocorrendo controle, incide a normal proteção da jornada; exemplo claro é a imposição de metas ao trabalhador. A jurisprudência do TST, em relação aos motoristas, determinou que o tacógrafo, por si só, sem a existência de outros elementos, não serve para controlar a jornada de trabalho de empregado que exerce atividade externa — OJ n. 332 SDI1 — TST.

Ademais, temos que o art. 62, I, da CLT exige a anotação da condição de externo na CTPS e no Registro de Empregados. Entendemos que faltando tal requisito formal caberá ao patrão comprovar o trabalho externo do empregado nas condições acima mencionadas para que esteja excluído da proteção de jornada da CLT.

Sobre os domésticos, pela nova realidade acima vista, estamos no aguardo das necessárias modificações do ordenamento interno, para se dar cumprimento ao recente tratado internacional assinado pelo Brasil, que se compromete a equiparar os domésticos aos demais trabalhadores.

9.10. INTERVALOS

Para permitir restaurações das forças físicas e psicológicas, a lei obriga a concessão de intervalos ao empregado. Denominam-se interjornada, intrajornada e especial.

É **interjornada** quando entre duas jornadas houver um intervalo mínimo de onze horas, daí por que não pode o empregado assumir o serviço em um dia sem antes ver respeitado tal descanso; se não for observado, conta como extra. O desrespeito ao intervalo mínimo é pago como extra, e, segundo o TST, de forma integral — OJ n. 355 SDI-1. Ademais, temos o chamado repouso semanal remunerado — matéria estudada em capítulo próprio.

É **intrajornada** quando a lei obriga a concessão de intervalo de quinze minutos, quando o trabalho é prestado por mais de quatro horas até seis horas. Será de uma a duas horas nas jornadas excedentes de seis horas (art. 71, § 2º, da CLT). Os intervalos de interjornada assim como o de intrajornada não serão computados na duração da jornada.

São **especiais** os intervalos do pessoal da mecanografia e assemelhados (art. 72 da CLT), estendidos aos digitadores (Súmula n. 346), de dez minutos, após noventa minutos de trabalho, computáveis na jornada; de telefonia, radiotelefonia e radiotelegrafia (art. 229 da CLT), de vinte minutos após três horas; de pessoal de minas e subsolo (art. 298 da CLT), que são de quinze minutos após três horas; intervalos em número de dois, com a duração de meia hora cada um, de mulher com filho em idade de amamentação (art. 396 da CLT).

Para o rural, o legislador foi sensível ao problema das distâncias, do calor e da fadiga, pois, de acordo com o art. 5º da Lei n. 5.889/73, em qualquer trabalho contínuo de duração superior a seis horas será obrigatória a concessão de um intervalo para repouso ou alimentação, observados os usos e costumes da região (ou seja, pode ser até superior a duas horas); já entre duas jornadas haverá, assim como para o trabalhador urbano, onze horas consecutivas para descanso (suspensão contratual).

De acordo com o disposto no art. 71, § 4º, da CLT, se o empregador não conceder os intervalos previstos pela lei, o empregado terá direito à remuneração correspondente a esses, com acréscimo de 50% no mínimo.

Os intervalos intrajornadas devem ser pré-assinalados no registro do empregado (art. 74, § 2º, da CLT).

Acordos coletivos negociados entre empresas e sindicatos para a redução do intervalo de descanso para meia hora são considerados, pela OJ n. 342 do TST, contrários aos imperativos de defesa da saúde e da integridade física do empregado.

A redução do intervalo gera para o empregado o pagamento das horas faltantes como extras, com adicional de 50%. Contudo, o TST, via OJ n. 307 da SDI-I, defende o pagamento da hora cheia, ou seja, de todo o intervalo, sem descontar o que foi de fato dado.

A possibilidade de redução do intervalo é prevista pelo art. 71, § 3º, que fala em redução por ato do Ministério do Trabalho desde que ouvida a Secretaria de Segurança e Medicina do Trabalho, se existir refeitório e se os empregados não estiverem sob regime de trabalho prorrogado pelas horas suplementares. O Ministério do Trabalho, via Portaria, tem admitido que acordos e convenções coletivas estabeleçam a redução — matéria polêmica ante a literalidade da lei.

9.11. *REGISTRO DE HORÁRIO*

Vide o art. 74 da CLT. Assim, temos que os estabelecimentos com até dez empregados são desobrigados da marcação de horário; com mais, são obrigados a anotar a hora de entrada e saída, em registro manual, mecânico ou eletrônico. Assim, poderá ser marcado no relógio de ponto ou manualmente, em catracas com um cartão magnético, em computador mediante senha individual.

A empresa terá de fornecer, periodicamente, as anotações registradas para conferência — art. 74, § 2º, da CLT.

Se o trabalho for executado fora do estabelecimento, o horário dos empregados constará, explicitamente, de ficha ou papeleta em seu poder — art. 74, § 3º, da CLT.

Determina a Súmula n. 338 do TST: "É ônus do empregador que conta com mais de 10 (dez) empregados o registro da jornada na forma do art. 74, § 2º, da

CLT. A não apresentação injustificada dos controles de frequência gera presunção relativa de veracidade da jornada de trabalho, a qual pode ser elidida por prova em contrário." Destaca, ainda, a referida Súmula, que os controles que contêm horários britânicos são inidôneos.

Outro aspecto bem observado por Magano: "Conquanto a lei não designe a pessoa que deva fazer tal anotação, não há dúvida que o valor dos cartões ou livros assinalados ou marcados diretamente pelo empregado é bem diverso quando controlados apenas pelo empregador."[47]

---

(47) MAGANO, Octavio Bueno. *Op. cit.*, p. 687.

10

REPOUSO SEMANAL REMUNERADO

Prende-se primeiramente aos costumes religiosos; inclusive a palavra domingo, do latim *dies domini*, quer dizer celebrar o dia do Senhor, tão caro para os cristãos; para os hebreus e algumas seitas do cristianismo, o dia consagrado ao descanso é o sábado, que não recebeu proteção de nosso ordenamento.

Enfim, a Revolução Industrial e as leis trabalhistas consolidaram o repouso semanal remunerado, que, segundo Amauri Mascaro Nascimento[48], em nosso ordenamento, funda-se na **Constituição Federal (art. 7º, XV) e na Lei Ordinária n. 605/49** e guarda os seguintes princípios:

— *semanalidade*, o que significa que a cada seis dias segue-se o direito ao descanso de 24 horas;

— *dominicalidade,* o descanso é preferencialmente aos domingos, mas não obrigatoriamente, isso porque o art. 8º da Lei n. 605/49 aduz que há setores de atividades produtivas que estão autorizados a abrir nos domingos em razão das exigências técnicas da empresa. Constituem exigências técnicas aquelas que, em razão do interesse público ou pelas condições peculiares às atividades da empresa ou do local onde se exercitarem, tornem indispensável a continuidade do trabalho, sendo em todos ou em alguns dos respectivos serviços (Dec. n. 27.048/49, art. 6º) obrigatório o revezamento, com exceção das empresas teatrais e congêneres;

— *inconversibilidade*, uma vez que não é lícito converter em pagamento o direito ao descanso semanal, embora seja possível fazê-lo quanto aos feriados civis e religiosos (art. 5º da Lei n. 605/49); em face das exigências técnicas da empresa, é pago em dobro (Súmula n. 146 do TST);

— *remunerabilidade,* que é integral, igual dos dias úteis, com inclusão até mesmo dos pagamentos correspondentes às horas extras — detalhe que, se o empregado é semanalista ou mensalista, o repouso já está embutido em seu salário.

---

(48) NASCIMENTO, Amauri Mascaro. *Op. cit.*, p. 456.

Sobre os **feriados, que são dias não trabalhados, mas pagos,** temos, de acordo com a Lei n. 9.093/95, os civis e declarados por lei federal: 1º de janeiro (Dia da Paz Mundial), 21 de abril (Tiradentes), 1º de maio (Dia do Trabalho), 7 de setembro (Independência do Brasil), 12 de outubro (Nossa Senhora Aparecida), 2 de novembro (finados), 15 de novembro (Proclamação da República) e 25 de dezembro (Natal); são também feriados os dias do início e do término do ano do centenário de fundação do Município, fixados em lei municipal; são feriados religiosos os dias declarados em lei municipal em número não superior a quatro, já incluída a sexta-feira da Paixão; os dias carnavalescos legalmente não são feriados.

Ademais, temos que é condição para a manutenção da remuneração do repouso semanal a frequência integral do empregado durante a semana — art. 6º da Lei n. 605.

O **sábado** pode ser para determinadas categorias dia útil não trabalhado, *vide* o caso dos bancários, no qual a jurisprudência considera que as extras não repercutem em tais dias — Súmula n. 113 do TST.

Quem recebe por comissão faz jus ao pagamento do repouso — Súmula n. 27 do TST.

Os **comerciários** são regidos por uma lei especial (Lei n. 11.603, de 5.12.2007) que autoriza o trabalho aos domingos nas atividades do comércio em geral — observada a legislação municipal, nos termos do art. 30, inciso I, da Constituição Federal —, e o repouso semanal remunerado deverá coincidir pelo menos uma vez, no período máximo de três semanas, com o domingo, respeitadas as demais normas de proteção ao trabalho e outras, a serem estipuladas em negociação coletiva.

11

DAS FÉRIAS

O movimento pela obtenção das férias é recente, não tendo mais de sessenta ou setenta anos; em 1936, houve o impulso da Convenção n. 52 da Conferência Geral dos Trabalhadores da OIT; também a Declaração Universal dos Direitos dos Homens, de 1948, em seu art. 24, especifica tal direito. Na Inglaterra, a primeira lei de férias foi promulgada em 1872. No Brasil, em 1926, esse direito foi estendido para operários e empregados de empresas privadas.

11.1. PRINCÍPIOS

Sem embargos da classificação de Amauri Mascaro Nascimento[49], temos os seguintes princípios:

— *anuidade para adquirir o direito*, uma vez que todo empregado terá direito a férias anuais, após doze meses, previsto um prazo subsequente para o gozo de férias;

— *remunerabilidade*, porque durante as férias é assegurado o direito à remuneração integral;

— *continuidade*, porque o fracionamento da duração das férias sofre limitação, para assegurar a concentração contínua do maior número de dias de descanso;

— *irrenunciabilidade*, já que o empregado sequer pode vender suas férias, apenas dez dias (abono de férias);

— *proporcionalidade*, já que poderá ocorrer redução dos dias de férias ante faltas injustificadas e licenças por motivo pessoal. Além disso, por ocasião da extinção do contrato de trabalho, haverá indenização proporcional aos meses trabalhados no período aquisitivo.

---

(49) NASCIMENTO, Amauri Mascaro. *Op. cit.*, p. 456 e seguintes.

11.2. AQUISIÇÃO DO DIREITO

O empregado adquirirá o direito a ter férias após trabalhar doze meses na mesma empresa (**art. 130 da CLT**).

O art. 133 determina os motivos pelos quais o empregado perderá o direito às férias: licença remunerada por mais de trinta dias; afastamento por mais de seis meses, recebendo auxílio-doença da Previdência Social; deixar de trabalhar por mais de trinta dias, por paralisação de empresa, recebendo salário; deixar o emprego e não ser readmitido dentro de sessenta dias.

Quando o empregado perde o direito às férias, inicia-se nova contagem de período aquisitivo — art. **133, § 2º, da CLT**.

11.3. DURAÇÃO

A duração das férias (**art. 130 da CLT**) será de trinta dias, quando o empregado, no período aquisitivo, não tiver mais de cinco faltas injustificadas. Será de 24 dias, para aquele que tiver de seis a quatorze faltas. De dezoito dias, para aquele que tiver de quinze a 23 faltas. De doze dias, no caso de 24 a 32 faltas. Com mais de 32 faltas injustificadas, o empregado não terá férias do período aquisitivo em questão.

São faltas justificadas as legalmente previstas no **art. 473 da CLT**.

Para o trabalho em tempo parcial, a duração das férias é proporcionalmente reduzida.

11.4. CONCESSÃO

O empregador terá de conceder as férias nos doze meses subsequentes ao período aquisitivo; não o fazendo, sujeita-se a uma sanção, que é o pagamento em dobro, além da própria concessão, que poderá ser marcada pelo juiz do trabalho, caso haja reclamação trabalhista com tal objeto — art. 134 da CLT.

É possível o fracionamento em dois períodos, um dos quais não poderá ser inferior a dez dias — a lei não enumera as condições especiais para tal; aos menores de 18 e maiores de 50 anos de idade é vedado o fracionamento — *vide* § 1º e § 3º do art. 134 da CLT.

Os estudantes menores de 18 anos têm direito de coincidir suas férias com as férias escolares; para os membros da mesma família no mesmo emprego, se disso não resultarem prejuízos ao empregador, há igualmente o direito de coincidência de férias de todos — *vide* art. 136 da CLT.

O gozo de férias será na época que melhor consulte os interesses do empregador — art. 136 da CLT.

Durante as férias, o empregado está legalmente proibido de prestar serviços a outro empregador, salvo se estiver obrigado a fazê-lo em virtude de contrato de trabalho regularmente mantido com aquele — art. 138 da CLT.

A concessão será participada por escrito com antecedência de no mínimo trinta dias — art. 135 da CLT.

O pagamento das férias e de seu abono, se pedido, será efetuado até dois dias antes da efetivação da mesma.

11.5. REMUNERAÇÃO

Durante as férias, a remuneração do empregado será a mesma, como se estivesse em serviço, coincidindo com a do dia da concessão, acrescida de um terço — CF/88, art. 7º, XVII.

Se o salário for pago por produção, será calculada a média mensal de produção do período aquisitivo e sobre esse número aplicado o valor unitário da peça ou do produto da data da concessão.

11.6. ABONO DE FÉRIAS

O abono de férias é a possibilidade que tem o empregado de transformar 1/3 da duração das férias em dinheiro; deverá requisitar 15 dias antes do término do período aquisitivo — *vide* art. 143 da CLT. Dessa forma, provocará a redução do número de dias de férias e aumentará o ganho em dinheiro. Assim, se o empregado tem direito a trinta dias de férias, poderá receber dez dias em dinheiro, gozando vinte dias de férias; se o direito de férias é de 24 dias, o empregado poderá obter oito dias em dinheiro e gozar dezesseis dias de férias.

11.7. EFEITOS DA EXTINÇÃO DO CONTRATO

Sobre as férias vencidas, a regra geral é a do pagamento do valor correspondente, em dobro ou simples, com remuneração de acordo com a época da rescisão. Portanto as vencidas, constituindo-se em direito adquirido do empregado, não são afetadas, em nenhuma hipótese, pela causa da rescisão contratual.

Sobre as férias proporcionais, cuja base de cálculo é de 1/12 por mês de serviço, ou fração superior a quatorze dias, o art. 146 da CLT adota modelo diversificado de tratamento segundo a causa da extinção, não sendo devidas as férias proporcionais por dispensa por justa causa ou quando o empregado com menos de um ano no emprego pedir demissão. Contudo, com o advento da Convenção n. 132 da OIT, as férias proporcionais são devidas independentemente da causa de extinção do contrato de trabalho e do tempo de casa; o entendimento que vem prevalecendo é o de que as disposições sobre férias da Convenção derrogam as da CLT naquilo em que forem incompatíveis em favor do empregado. Entretanto, a Súmula n. 171 do TST não admite o pagamento de férias proporcionais quando a rescisão for por justa causa.

A controvérsia interpretativa é corretamente apontada por Homero Batista Mateus da Silva: "Claro que para o empregado que cometeu justa causa, a Convenção está mais favorável do que a CLT, mas aquela concebe férias proporcionais somente a partir do sexto mês de contrato de trabalho, qualquer que seja o motivo da rescisão, enquanto a lei brasileira não dispõe de patamar mínimo. Um mês de contrato de trabalho, mesmo temporário, já é o bastante para a conquista das férias proporcionais, por exemplo. Por essa intrincada situação, o Tribunal Superior do Trabalho reformulou sem entendimento, mas apenas em parte. Passou a aceitar as férias proporcionais para o demissionário com menos de um ano de casa, atendendo a parte do apelo da Convenção, mas ainda não a ponto de as estender para a falta grave."[50]

11.8. PRESCRIÇÃO

É contada a partir do fim do período concessivo e não do período aquisitivo nos contratos em vigor, o prazo é de cinco anos; quando extinto o contrato de trabalho, o trabalhador terá até dois anos para reclamar, mas as férias antigas passam pelo crivo de cinco anos contados a partir do período concessivo com prazo também de cinco anos — vide CLT, arts. 149 e 134. Exemplo: um contrato de trabalho iniciado em 13 de agosto de 1999 tem período aquisitivo de férias completado em 13 de agosto de 2000 e término do período concessivo em 13 de agosto de 2001. Se a ação for ajuizada até o dia 13 de agosto de 2006, o trabalhador poderá reivindicá-las por inteiro; do contrário, perderá toda sua pretensão.

11.9. FÉRIAS COLETIVAS

Poderão ser concedidas férias coletivas a todos os empregados de uma empresa ou de determinados estabelecimentos ou setores da empresa, permitindo o fracionamento em até dois períodos atuais, desde que nenhum seja inferior a dez dias — art. 139 da CLT.

---

(50) SILVA, Homero Batista Mateus. *Curso de direito do trabalho aplicado.* v. 5. Rio de Janeiro: Elsevier, 2009. p. 307.

É necessário, no entanto, prévia comunicação ao Ministério do Trabalho e ao Sindicato de Trabalhadores, com antecedência mínima de quinze dias — art. 139, § 2º, da CLT.

Dispõe o art. 140 da CLT que "os empregados contratados há menos de doze meses gozarão, na oportunidade, férias proporcionais, iniciando-se, então, novo período aquisitivo".

11.10. A CONVENÇÃO N. 132 DA OIT

O art. 19 da Constituição da OIT prescreve que suas convenções não revogam ou alteram qualquer lei, sentença, costume ou acordo dos países signatários que confiram, internamente, condições mais favoráveis aos seus respectivos trabalhadores.

A Convenção n. 132 da OIT é da década de 1970, inspirou a modificação da legislação de férias do Brasil, conforme alteração do texto normativo da CLT pelo DL n. 1.535/77. Porém, apenas em 23.9.1981 foi a referida convenção ratificada pelo Brasil (Decreto Legislativo n. 47). Não obstante, a convenção somente passou a viger em 23.9.1999, ou seja, um ano após o depósito do instrumento de ratificação na OIT.

Para a maioria dos doutrinadores, o texto da Convenção n. 132 da OIT é menos favorável ao trabalhador que o texto da CLT. Outrossim, é deveras flexível, já que a maioria de suas regras não é cogente, podendo ser afastada na regulação do caso concreto por mero "acordo individual" entre empregado e empregador.

As únicas regras mais benéficas são: (a) exclusão dos feriados no cômputo das férias; (b) o pagamento da parcela proporcional de férias em qualquer situação rescisória.

Como já colocamos pelo entendimento do TST, não cabe pagamento das férias proporcionais na rescisão por justa causa — *vide* Súmula n. 171 do C. TST.

A seguir, enumeram-se algumas **regras desfavoráveis**.

Duração de férias: mínimo de três semanas para cada um ano de trabalho.

Remuneração de férias/valor: mínimo de uma remuneração do empregado, ou seja, sem a parcela de 1/3.

Prazo para pagamento: antes do início do gozo das férias, salvo estipulação em sentido contrário das partes.

Fracionamento de férias: possível é o fracionamento de férias, dependendo da lei de cada país signatário, desde que uma fração das férias seja, no mínimo, de duas semanas ininterruptas, salvo estipulação contrária pelas partes.

Período aquisitivo: um ano.

Período concessivo — depende das seguintes condições: (a) a parte ininterrupta de férias (duas semanas) deverá ser gozada dentro de, no máximo, um ano a partir da data de aquisição das férias; (b) o restante das férias (uma semana, por exemplo) poderá ser gozado nos dezoito meses subsequentes a contar do término do ano em que foi adquirido o direito às férias; (c) eventual período de férias superior ao mínimo da convenção de três semanas poderá ser usufruído após o período de dezoito meses acima referido, desde que haja consentimento do empregado.

Regras iguais: (a) faltas ao serviço motivadas por ato não voluntário do empregado, como doença e acidente, não poderão ser computadas como parte integrante das férias; (b) acordo/renúncia ao período mínimo de três semanas de férias, ou das férias em sua totalidade, é nulo de pleno direito.

11.11. *FÉRIAS DOS PROFESSORES*

As férias dos professores têm previsão no art. 322 da CLT. Sendo que, no período de exames e no de férias escolares, é assegurado aos professores o pagamento, na mesma periodicidade contratual, da remuneração por eles percebida, na conformidade dos horários, durante o período de aulas. Destacam-se, ainda, as seguintes características:

— no período de férias, não se poderá exigir dos professores outro serviço senão o relacionado com a realização de exames;

— na hipótese de dispensa sem justa causa, ao término do ano letivo ou no curso das férias escolares, é assegurado ao professor o pagamento do respectivo período.

11.12. *FÉRIAS EM REGIME DE TEMPO PARCIAL*

Há várias diferenciações sobre o tema para tal tipo de contratação, *vide* dicção do art. 130-A e de seus incisos da CLT.

12. Medicina e segurança do trabalho

Ensina Octavio Bueno Magano: "No capítulo em foco, encontra-se o cerne do Direito Tutelar do Trabalho, porque a matéria nele versada é aquela que mais se realça o intuito do legislador de 'evitar acidentes, preservar a saúde do trabalhador e propiciar a humanização do trabalho'. É, por outro lado, aquela em relação à qual melhor se justifica o intervencionismo estatal."[51]

A matéria goza de *status* constitucional, pois que dispõe o art. 7º da CF/88: "São direitos dos trabalhadores (...) além de outros (...) XXII — redução dos riscos inerentes ao trabalho, por meio de normas de saúde, higiene e segurança; XXIII — adicional de remuneração para as atividades penosas, insalubres ou perigosas, na forma da lei".

A matéria tem ainda como fonte legal a CLT, nos arts. 154 a 201 e na Portaria n. 3.214, que aprovou diversas normas regulamentadoras, são 33, mas cinco exclusivamente rurais. A ampla utilização das normas regulamentadoras mereceu as corretas palavras de Homero Batista Silva: "(...) o processo legislativo brasileiro contempla a figura do Regulamento como forma de destinar, para o Poder Executivo, o complemento de alguns detalhes técnicos que a lei possa ter faltado ou possa não ter sido considerado adequado para aquele instante de formação da norma (...). Por se tratar de matéria altamente especializada, envolvendo conhecimentos minuciosos sobre produtos químicos e agentes biológicos, essa delegação de poderes legislativos a um órgão auxiliar do Poder Executivo é habitualmente tolerado"[52]. Em suma, a matéria extensa merece, contudo, destaque para pontos que consideramos cardeais.

---

(51) MAGANO, Octavio Bueno. *Op. cit.*, p. 432.
(52) SILVA, Homero Batista Mateus. *Op. cit.*, p. 456.

É assaz importante o papel dos fiscais do trabalho, que, com seus poderes de aplicarem multas administrativas pelo não cumprimento das normas, possibilitam, a rigor, que haja maior diligência dos empregadores. Ademais, o órgão de fiscalização, como medida extrema, poderá interditar estabelecimentos, setores de serviço, máquinas ou equipamentos, ou embargar obras — *vide* art. 161, *caput* da CLT.

12.1. EQUIPAMENTO DE PROTEÇÃO INDIVIDUAL

O patrão é obrigado a fornecer gratuitamente aos seus empregados equipamento de proteção individual adequado ao risco e em perfeito estado de conservação e funcionamento, sempre que as medidas de ordem geral não ofereçam completa proteção contra os riscos de acidentes e danos à saúde dos empregados — art. 166 da CLT.

Os equipamentos deverão ter a indicação do Certificado de Aprovação do Ministério do Trabalho — art. 167 da CLT —, sendo que a listagem completa dos EPIs e das atividades em que sua utilização se faz obrigatória encontra-se expressa na NR-6.

12.2. MEDIDAS PREVENTIVAS DE MEDICINA DO TRABALHO

Oxalá existissem intensos esforços na prevenção à saúde do trabalhador e na sua segurança, mais do que nos remédios; ou seja, nas compensações ao empregado lesado no dia a dia pelas condições insalubres ou já com diagnósticos de doença. Enfim, as medidas preventivas de medicina do trabalho estão inseridas na CLT, nos arts. 168 e 169, que tratam de exames médicos obrigatórios na admissão e demissão. Além disso, determinam a notificação sobre acidentes e doenças profissionais, para o empregador, de acordo com as instruções expedidas pelo Ministério do Trabalho.

A rigor, a NR-7, ao instituir o chamado Programa de Controle Médico de Saúde, previu ainda o exame periódico, de retorno ao trabalho, e o de mudança de função, porém, outros exames poderão ser exigidos, a critério médico, para apuração da capacidade ou aptidão física e mental para a função que deva exercer.

O empregador manterá no estabelecimento o material necessário à prestação de primeiros socorros médicos, de acordo com o risco da atividade — art. 168, § 4º, da CLT.

Dispõe ainda o art. 162 da CLT sobre a exigência de manutenção de "serviços especializados em segurança e medicina do trabalho"; o grau de exigência, que não é naturalmente para todas as empresas, e ainda a atuação de tais profissionais são detalhados na NR-4.

12.3. PREVENÇÃO DE RISCOS AMBIENTAIS

É o estabelecido pela NR-9 no sentido de obrigar o empregador a instituir um Programa de Prevenção de Riscos Ambientais — PPRA —, com objetivos de antecipação, reconhecimento, avaliação e controle de ocorrências.

Os riscos ambientais são os agentes físicos (ruídos, vibrações, pressões anormais, temperaturas extremas, radiações ionizantes etc.), químicos (poeiras, fumos, névoas, neblina, gases e vapores) e os biológicos (bactérias, fungos, bacilos, parasitas, protozoários, vírus etc.).

As empresas, de acordo com normas a serem expedidas pelo Ministério do Trabalho, estarão obrigadas a manter serviços especializados em segurança e medicina do trabalho (art. 162, *caput* da CLT).

É facultado às empresas e aos sindicatos das categorias profissionais interessadas requerer ao Ministério do Trabalho e Emprego a realização de perícia em estabelecimento ou setor, com o objetivo de caracterizar ou delimitar atividades insalubres ou perigosas (CLT, art. 195, § 1º).

12.4. ILUMINAÇÃO E OUTRAS MEDIDAS IMPOSTAS

Determina o art. 175 da CLT que em todos os locais de trabalho deverá haver iluminação adequada, natural ou artificial, apropriada à natureza da atividade. O Ministério do Trabalho estabelecerá os níveis mínimos de iluminamento a serem observados. A insalubridade por iluminação foi descaracterizada após 23.2.1991, pela Port. MTb n. 3.751/90.

Além disso, outras medidas de procedimentos são impostas aos empregadores: edificações — art. 170 e seguintes da CLT; conforto térmico — art. 176 e seguintes da CLT; instalações elétricas — art. 179 e seguintes da CLT; movimentação, armazenagem e manuseio de materiais — art. 182 e seguintes da CLT; utilização de máquinas e equipamentos — art. 184 da CLT e NR-12; utilização de caldeiras, fornos e recipientes sob pressão — art. 187 e seguintes da CLT.

12.5. INSALUBRIDADE

Ocorre quando há exposição a agentes nocivos à saúde acima dos limites de tolerância (CLT, art. 189 e seguintes); seu grau é mínimo (10%), médio (20%) ou máximo (40%). Através da utilização de equipamentos de segurança, pode ser eliminada (Súmula n. 80 do TST). Deve-se ainda observar as seguintes características:

— são consideradas atividades ou operações insalubres de acordo com o quadro de atividades do Ministério do Trabalho, conforme as longas capitulações da

Norma Regulamentadora n. 15, de modo que não basta a mera alegação da existência de agente nocivo; ademais, a Orientação Jurisprudencial n. 4, de 25.11.1996, deixou claro que "A limpeza em residências e escritórios e a respectiva coleta de lixo não podem ser consideradas atividades insalubres, ainda que constatadas por laudo pericial, porque não se encontram dentre as classificações como lixo urbano na Portaria do Ministério do Trabalho";

— quando requerida em reclamação trabalhista, assim como a periculosidade, é preciso que seja constatada por perícia (mesmo que ocorra revelia) que apontará se a atividade está ou não enquadrada como insalubre, o que infelizmente tem gerado muitas decisões discrepantes ao sabor das conclusões de cada perito. A rigor, é necessário dar efetividade ao determinado pelo art. 191 da CLT: "caberá às Delegacias Regionais do Trabalho, comprovada a insalubridade, notificar as empresas estipulando prazos para sua eliminação ou neutralização, na forma deste artigo";

— cessada a causa da insalubridade, e vale também para a periculosidade, cessa também o pagamento do adicional, podendo até o empregador impetrar reclamação trabalhista em tal sentido;

— sobre a base de cálculo esta matéria tem sido assaz polêmica, é o que define o art. 7º, XXXIII, da CF/88, o direito de todos os trabalhadores urbanos e rurais ao "adicional de remuneração para as atividades penosas, insalubres ou perigosas, na forma da lei". No âmbito do TST prevalecia a tese de que a base era o salário mínimo (Súmula n. 80 do TST, que atualmente não trata da matéria, já que revisionada), isso porque o art. 192 da CLT era o único a preconizar a referida base. Ocorre que o STF reconheceu a inconstitucionalidade do art. 192 da CLT, já que vinculada ao salário mínimo, estabelecendo inclusive a Súmula Vinculante de número 4. Daí, o TST chegou a editar Súmula que, com base na decisão do STF, dizia: "A partir de 9 de maio de 2008, data da publicação da Súmula Vinculante n. 4 do Supremo Tribunal Federal, o adicional de insalubridade será calculado sobre o salário básico, salvo critério mais vantajoso fixado em instrumento coletivo." A referida Súmula do TST foi suspensa, deixando claro o STF, na parte final da Súmula Vinculante n. 4, que não se pode criar novo critério por decisão judicial, razão pela qual, até que se edite norma legal estabelecendo base de cálculo distinta do salário mínimo para o adicional de insalubridade, continua esse a ser a referida base;

— contudo, para o trabalhador que recebe piso salarial ou salário profissional, esse será a base de cálculo, já que são espécies do salário mínimo, nos termos da Súmula n. 17: "O adicional de insalubridade devido ao empregado que, por força de lei, convenção coletiva ou sentença normativa, percebe salário profissional, será sobre este calculado";

— poderá ser eliminada ou neutralizada com medidas de segurança do empregador (art. 191 da CLT), inclusive com as utilizações de equipamentos de segurança. Contudo, deverá ocorrer a real utilização dos mesmos pelo empregado, com a fiscalização do empregador e substituição e manutenção dos equipamentos — *vide* Súmula n. 289 do TST, o empregado que não usa EPI fica sujeito à medida disciplinar — arts. 157 e seguintes da CLT;

— *vide* Súmula n. 248 do TST: "A reclassificação ou a descaracterização da insalubridade, por ato da autoridade competente, repercute na satisfação do respectivo adicional, sem ofensa a direito adquirido ou ao princípio da irredutibilidade salarial";

— o empregado que labora em diversas condições insalubres só poderá vindicar a que for maior, da mesma forma, se trabalha em condição de insalubridade e periculosidade, só poderá receber a que lhe for mais benéfica (art. 193, § 2º, da CLT), não há lógica científica para tal, *lege ferenda* o empregado deveria perceber por todas as condições de insalubridade e de periculosidade em que trabalhe;

— o art. 7º, inciso XXXIII da CF/88, proíbe o trabalho noturno, perigoso ou insalubre ao menor de 18 anos;

— a verificação por meio de perícia a respeito da prestação de serviços em condições nocivas à saúde do empregado, considerando agente insalubre diverso do apontado na inicial, não prejudica o pedido do adicional de insalubridade (Súmula n. 293 do TST).

12.6. PERICULOSIDADE

Homero Batista Mateus da Silva faz interessante introdução: "Vez por outra, o juiz do trabalho se depara com a situação em que o trabalhador reivindica o direito à percepção do adicional de periculosidade dizendo que o trabalho era perigoso porque: a) limpava vidros de altos prédios, apoiados em cordas ou andaimes no limite de uma queda; b) lidava com transporte de dinheiro ou de valores; c) envolvia o atendimento na organização de filas; d) permanecia dentro da agência bancária; e) mantinha contato direto com a população encarcerada ou com menores infratores ou em medidas socioeducativas."[53] Contudo, dentro do rigor legal, apenas o labor com determinados elementos define o trabalho como perigoso: quando o empregado trabalha com **inflamáveis e explosivos** (CLT, art. 193 e NR-16) ou **junto à rede elétrica**, em sistema elétrico de potência (Lei n. 7.369/85) e **radiações ionizantes ou substâncias radioativas** (Portaria n. 518/2003, Ministério do Trabalho), temos as seguintes características:

— Importante é a definição da Súmula n. 364 do TST: "Tem direito ao adicional de periculosidade o empregado exposto permanentemente ou que, de forma intermitente, sujeita-se à condição de risco. Indevido, apenas, quando o contato

---

(53) SILVA, Homero Batista Mateus da. *Op. cit.*, p. 450.

dá-se de forma eventual, assim considerado o fortuito, ou que, sendo habitual, dá-se por tempo extremamente reduzido." É claro que haverá consideráveis divergências para definir o *fortuito* ou mesmo *tempo extremamente reduzido* apontados pela Súmula; segundo Homero Silva, "o fato de o empregado acompanhar a leitura da conta de luz na cabine primária de energia representa um ingresso ocasional ou um empregado do setor financeiro que faz a leitura do gasto do combustível que não lhe toma mais do que cinco minutos".[54]

— Define a Súmula n. 361: "O trabalho exercido em condições perigosas, embora de forma intermitente, dá direito ao empregado a receber o adicional de periculosidade de forma integral, porque a Lei n. 7.639, de 20.9.1985, não estabeleceu nenhuma proporcionalidade em relação ao seu pagamento." A Súmula é do setor elétrico, mas pode ser aplicada a todos os trabalhadores que laboram em condições perigosas. Ademais, curiosamente, a Súmula n. 364 do TST, no seu inciso II, aduz verdadeira flexibilização do adicional: "A fixação do adicional de periculosidade, em percentual inferior ao legal e proporcional ao tempo de exposição ao risco, deve ser respeitada, desde que pactuada em acordos ou convenções coletivas";

— os empregados que operam em bomba de gasolina têm direito ao adicional de periculosidade (Súmula n. 39 do TST);

— é calculado sobre o salário básico, já que dispõe o art. 193 que os 30% do adicional de periculosidade serão calculados sobre o salário sem o acréscimo de gratificações, prêmios ou participação nos lucros da empresa. Contudo, o adicional de periculosidade habitual integra o salário para efeito de cálculo de parcelas como indenizações, horas extras, férias, 13º salário etc. (Súmula n. 132 do TST), bem como do adicional noturno (OJ n. 259 do TST); para os eletricitários "deverá ser efetuado sobre a totalidade das parcelas de natureza salarial" (*vide* Súmula n. 191 do TST).

12.7. ATIVIDADE PENOSA

Caracteriza-se quando o empregado, pelo tipo de trabalho, é submetido a um desgaste físico maior, pelo emprego de força física intensa, ou quando a continuidade do trabalho, nas condições peculiares de sua prestação, traz maior cansaço (ex.: serviços de carga e descarga, trabalho em mineração, datilografia, taquigrafia ou digitação) — *vide* art. 7º, XXIII, da CF/88. Ainda falta regulamentação quanto ao percentual, podendo ser instituído em acordos, convenções ou sentenças normativas.

---

(54) *Ibidem*, p. 123.

12.8. FADIGA

A prevenção à fadiga está descrita nos arts. 198 e 199 da CLT e determina que o peso máximo que um empregado pode remover é de 60 (sessenta) quilos, e é obrigatória a colocação de assentos que assegurem a postura correta do trabalhador. Poderão ser fixados limites diferentes no caso de remoção de material feita por impulsão ou tração de vagonetes sobre trilhos, carros de mão ou qualquer outro aparelho mecânico. Ademais, é vedado empregar a mulher em serviço que demande o emprego de força muscular superior a 20 (vinte) quilos, para o trabalho contínuo, ou 25 (vinte e cinco) quilos, para o trabalho ocasional — art. 390 da CLT.

Quando o trabalho tiver de ser executado em pé, os empregados terão à sua disposição assentos para serem utilizados nas pausas que o serviço permitir (CLT, art. 195, *caput* e parágrafo único).

12.9. ACIDENTE DE TRABALHO

É sempre comovente que um trabalhador morra ou fique mutilado por conta de um acidente de trabalho ou mesmo que adquira doença por conta do labor, afinal, estava à disposição do patrão quando tudo se passou. Francisco Rossal de Araújo faz interessante adendo: "A noção de que o trabalho pode ser responsável pela doença e pela morte não é uma descoberta recente. Existem registros de Hipócrates sobre as doenças acometidas nos mineiros, e Heródoto narra doenças pulmonares em escravos que lidavam com mortalhas de cadáveres. Também são bastante conhecidas as narrativas sobre doenças de marinheiros, em especial o escorbuto, pela falta de vitamina C nas dietas deficientes das longas travessias. Durante muito tempo o ser humano tem trabalhado exposto a todo tipo de risco, mas somente de forma recente é que o Poder Público se volta para disciplinar esta situação e combater de forma mais incisiva os acidentes do trabalho e as doenças ocupacionais."

O citado autor aponta ainda que "embora o número de acidentes de trabalho no Brasil ainda seja alto, houve uma visível diminuição nos últimos anos, conforme demonstram as estatísticas". Para se ter rápida ideia, ante quadro comparativo apresentado, no ano de 1988 foram registrados 991.381 contra 363.808 em 2000.

A Lei n. 8.213/91, art. 19, descreve o acidente de trabalho como: lesão corporal, ou perturbação funcional, ocorrida a serviço do empregador, que cause a morte, a perda ou redução, permanente ou temporária, da capacidade para o trabalho. Além do sinistro, se equipara também às doenças ocupacionais.

As **doenças ocupacionais** se subdividem em **doenças profissionais** e **doenças do trabalho**. As doenças profissionais são as produzidas ou desencadeadas pelo exercício do trabalho peculiar a determinada atividade e constante da respectiva relação elaborada pelo Ministério do Trabalho; são doenças próprias de um determinado tipo de atividade e que por sua incidência estatística possam ser relacionadas em uma norma jurídica (Decreto n. 3.049/99, Anexo II). Já as doenças do trabalho são patologias comuns, que podem afetar qualquer indivíduo, mas que aparecem por condições especiais, em que o trabalho é realizado. Tendo o empregado doença profissional, cabe à empresa provar a falta do nexo causal com o trabalho, tendo doença do trabalho, o ônus é do empregado.

Importante é a noção de concausas (art. 21, inciso I), que, admitidas pelo nosso ordenamento, são as chamadas causas concorrentes ao acidente de trabalho — portanto, não são a causa principal, mas juntam-se a ela para a verificação do resultado, podendo ocorrer por fatores preexistentes, concomitantes ou supervenientes.

Enfim, pela importância, transcrevemos o art. 21, que aduz extensa lista de situações representadas também como de acidente de trabalho:

I — o acidente ligado ao trabalho que, embora não tenha sido a causa única, haja contribuído diretamente para a morte do empregado, para a redução ou perda de sua capacidade para o trabalho, ou tenha produzido lesão que exija atenção médica para a sua recuperação;

II — o acidente sofrido pelo empregado no local e horário de trabalho, em consequência de: ato de agressão, sabotagem ou terrorismo — praticado por terceiro ou companheiro de trabalho —, ofensa física intencional — inclusive de terceiro, por motivo de disputa relacionada ao trabalho —, ato de imprudência, de negligência ou de imperícia de terceiro ou de companheiro de trabalho, ato de pessoa privada do uso da razão, desabamento, incêndio ou outros casos fortuitos ou decorrentes de força maior;

III — a doença proveniente de contaminação acidental do empregado no exercício de sua atividade;

IV — o acidente ocorrido pelo empregado ainda que fora do local de trabalho:

a) na execução de ordem ou na realização de serviço sob a autoridade da empresa;

b) na prestação espontânea de qualquer serviço à empresa para lhe evitar prejuízo ou proporcionar proveito;

c) em viagem a serviço da empresa, inclusive para estudo, quando financiada por estar dentro de seus planos para melhor capacitação da mão de obra, independente do meio de locomoção utilizado, inclusive veículo de propriedade do empregado;

d) no percurso da residência para o local de trabalho ou deste para aquela, qualquer que seja o meio de locomoção, inclusive em veículo de propriedade do empregado.

Nos períodos destinados à refeição e ao descanso, ou por ocasião de outras necessidades fisiológicas, em local de serviço ou durante esse, o empregado é considerado no exercício do trabalho.

As **consequências** do acidente de trabalho estão no pagamento dos primeiros quinze dias pelo empregador, após, pela Previdência, sem necessidade de carência, sua estabilidade provisória, a possibilidade da condenação do empregador em dano material e até moral; *vide* tais matérias nos capítulos pertinentes.

12.10. *COMISSÃO INTERNA DE PREVENÇÃO DE ACIDENTES — CIPA*

Segundo a CLT e a NR-5, a CIPA tem como objetivo a prevenção de acidentes e doenças decorrentes do trabalho, de modo a tornar compatível, permanente, o labor com a preservação da vida e a promoção da saúde do trabalhador. É idealizada como canal de comunicação de empregados, empregadores e peritos.

A CIPA é exigida para os empregadores que possuem no mínimo vinte empregados (no estabelecimento); sendo, no comércio varejista, a partir de cinquenta funcionários; curiosamente, até o empregador doméstico deve ter a constituição da CIPA a partir de cinquenta funcionários — hipótese quase impossível.

A Comissão será composta por representantes de empresa e dos empregados, de forma paritária (número mínimo de dois), sendo que a NR-5 disciplina o número total de membros.

Os representantes dos empregados, titulares e suplentes serão eleitos por escrutínio secreto, do qual participem, independentemente de filiação sindical, exclusivamente, os empregados interessados. O mandato dos membros eleitos da CIPA terá a duração de um ano, permitida uma reeleição (CLT, art. 164, §§ 2º e 3º).

A Comissão tem as principais atribuições de discutir os acidentes ocorridos na empresa; sugerir medidas de prevenção de acidentes; despertar o interesse dos empregados pela prevenção de acidentes.

13
Trabalho da mulher

A partir da Revolução Industrial, podemos informar que a indústria tirou a mulher do lar; os menores salários pagos à mulher constituíram a causa maior que determinava essa preferência pelo trabalho feminino; isso veio a acarretar sérios problemas, quer quanto às condições pessoais, quer quanto às responsabilidades de amamentação e cuidado com os filhos em idade de amamentação etc. As primeiras leis trabalhistas voltaram-se para a proteção da mulher e do menor.

Uma das mais expressivas regulamentações é o Tratado de Versalhes, que estabelece o princípio da igualdade salarial entre homens e mulheres, inserido em algumas Constituições, dentre as quais, a do Brasil, e é destinado a impedir a exploração salarial da mulher.

Destarte, proteger a maternidade, a igualdade salarial e proibir determinados tipos de atividades sempre foram fundamentais nas legislações trabalhistas modernas.

13.1. ATOS DISCRIMINATÓRIOS

O art. 391 da CLT define que não constitui justo motivo para a rescisão contratual o fato de a mulher contrair matrimônio ou de encontrar-se em estado de gravidez, não sendo permitidas cláusulas de convenções coletivas, acordos coletivos ou contratos individuais, restritivas desse direito.

Ademais, a **Lei n. 9.029/95** determina, em seu art. 4º, que o rompimento da relação de trabalho por ato discriminatório, nos moldes preconizados, faculta ao empregado optar entre: "I — a readmissão com ressarcimento integral de todo o período de afastamento, mediante pagamento das remunerações devidas, corrigidas monetariamente, acrescidas dos juros legais; II — a percepção, em dobro, da remuneração do período de afastamento, corrigida monetariamente e acrescida dos juros legais."

O art. 373-A da CLT determina que, ressalvadas as disposições legais destinadas a corrigir as distorções que afetam o acesso da mulher ao mercado de trabalho e certas especificidades estabelecidas nos acordos trabalhistas, é vedado: publicar anúncios de emprego no qual haja referência a sexo, idade, a cor ou situação familiar; recusar emprego, promoção ou motivar a dispensa do trabalho em razão de sexo, idade, cor, situação familiar ou estado de gravidez; considerar sexo, idade ou situação familiar para determinação de remuneração; exigir atestado ou exame para comprovação de esterilidade ou gravidez; realizar o empregador ou prepostos revistas íntimas nas empregadas.

13.2. PROIBIÇÕES

Não há nenhuma **incapacidade** para a mulher contratar trabalho, desde que adquirida a maioridade (anteriormente, quando a mulher trabalhava, a CLT, em seu art. 446, presumia a autorização do marido, possibilitando, que o mesmo pleiteasse a rescisão se o trabalho acarretasse ameaça aos vínculos da família ou perigo manifesto às suas condições peculiares; artigo revogado pela Lei n. 7.855/89).

Sobre a **igualdade de trabalho**, a disciplina jurídica é de total igualdade entre o homem e a mulher, cabendo, portanto, a equiparação salarial nos termos do art. 461 da CLT.

Sobre as **proibições** de trabalho, há tendências de eliminação — seja por conta de uma igualdade física (até certo ponto), promovida pelas novas condições tecnológicas de trabalho, entre homem e mulher, ou até para tornar mais competitivo o trabalho da mulher. Para se ter uma ideia, a CLT proibia o trabalho noturno da mulher nos subterrâneos, nas minerações, nas atividades perigosas ou insalubres e em horas extras, salvo em sistemas de compensação ou no caso de força maior; essas proibições desapareceram com leis que revogaram os dispositivos da CLT (Lei n. 7.855/89 e Lei n. 10.244/2001).

Sobre o art. **384 da CLT** (que concedeu um intervalo de quinze minutos para a mulher antes da prorrogação da jornada normal) e o art. **386 da CLT** (que garante um domingo a cada quinzena de folga), há discussões sobre tais dispositivos serem ou não recepcionados pela Constituição em vigor em face da igualdade preconizada nos arts. 5º, I, e 7º, XX. Contudo, há argumentos no sentido de proteger a mulher por sua dupla jornada (em casa e no trabalho), até porque a própria Constituição lhe garante aposentadoria mais favorável do que a do homem. *Vide* decisão do TST-RR-3.575/2003-010-09-00.3.

13.3. PROTEÇÕES

Permanece apenas a proibição do emprego de força muscular pela mulher de peso superior a 20 quilos para trabalhos contínuos e 25 quilos para trabalhos ocasionais (CLT, art. 390) — limites que são alterados no caso de atividade por impulsão ou outra força.

Sobre a **proteção à maternidade**, temos que a gestante tem a estabilidade no emprego. É prevista pela Constituição Federal (Disposições Transitórias, art. 10, II, *b*), segundo a qual é vedada a dispensa arbitrária ou sem justa causa da empregada gestante desde a confirmação da gravidez até cinco meses antes do parto.

A **Súmula n. 244 do TST** dispõe que "a garantia de emprego à gestante só autoriza a reintegração se esta se der durante o período de estabilidade". Do contrário, "a garantia restringe-se aos salários e demais direitos correspondentes ao período de estabilidade". Ademais, se estiver ainda dentro do período de estabilidade, só não ocorre a reintegração quando o julgador perceber animosidade entre as partes (Súmula n. 244, II, do TST). Dispõe ainda o inciso I da citada Súmula que "o desconhecimento do estado gravídico pelo empregador não afasta o direito à reintegração ou ao pagamento da indenização decorrente da estabilidade" — é a chamada responsabilidade objetiva.

Há outras **normas de proteção à maternidade**:

— direito de mudar de função (art. 392, § 4º, da CLT) quando prejudicial à gestação;

— direito de rescindir o contrato, se prejudicial à gestação (art. 394 da CLT);

— direito de dois intervalos especiais de meia hora cada um para amamentação do filho até que complete seis meses (CLT, art. 396); a regra é plausível para estabelecimentos com creches ou quando a mulher mora perto do trabalho; no mais, poderá ter o intervalo para armazenar o leite, e até preconizamos a possibilidade de chegar trinta minutos depois e sair trinta minutos antes;

— direito de contar com creche no estabelecimento, desde que nele trabalhem mais de trinta empregados com mais de 16 anos (art. 389, § 1º, da CLT), podendo até gerar rescisão indireta do contrato de trabalho seu não cumprimento;

— direito de licença de duas semanas no caso de aborto não criminoso.

13.4. *LICENÇA-MATERNIDADE*

A empregada gestante tem direito **à licença de 120 dias** sem prejuízo do emprego e do salário. É denominada licença-maternidade (CLT, art. 392). De acordo com a lei previdenciária, "com início até 28 (vinte e oito) dias anteriores e término 91 (noventa e um) dias depois dele, considerando, inclusive, o dia do parto". Contudo, a Previdência Social só concede licença-maternidade após a 23ª semana da gestação, conforme IN n. 118 do INSS/D.

Recentemente, a **Lei n. 11.770**, o "Programa Empresa Cidadã", possibilita a prorrogação da licença-maternidade por mais sessenta dias, mediante concessão de incentivo fiscal à pessoa jurídica que aderir ao Programa; ficou fora a micro e pequena empresa. Já a Administração Pública, a Indireta e a Fundacional estão autorizadas a instituir tais programas. São beneficiárias, inclusive, as empregadas adotantes ou que mantêm guarda judicial para fins de adoção.

Caberá à empregada apresentar atestado médico. No entanto, em caso de parto antecipado, a licença é assegurada e tem a mesma duração integral. O afastamento iniciado depois não prejudicará o direito aos 120 dias que serão gozados após o parto.

Os salários de período de licença são pagos pela empresa, que pode deduzir o respectivo valor das contribuições previdenciárias que tiver de recolher à Previdência Social; para a doméstica, o valor é pago diretamente pela Previdência (art. 73, I, da Lei n. 8.213/91). Durante a licença, o empregador deverá depositar o FGTS da empregada — art. 28 do Decreto n. 99.684/90.

A licença tem dois objetivos: possibilitar à mulher a recuperação física do parto e a presença da mãe com a criança em tão importante período.

A empregada que adotar ou obtiver guarda judicial para fins de adoção de criança também tem direito à licença (art. 392 A da CLT).

Entretanto, a duração da licença é maior para a mãe biológica e menor para a mãe adotiva. Já que para a mãe adotiva adota-se o seguinte critério: 120 dias no caso de criança até 1 ano de idade; 60 dias no caso de criança de 1 ano até 4 anos de idade e de 60 dias no caso de criança de 4 anos até 8 anos de idade. O documento que habilita a obtenção do direito é o termo judicial de guarda à adotante.

Ademais, é proibido o trabalho durante a licença-maternidade; todavia, se de fato for executado, a trabalhadora terá direito não só ao salário-maternidade, como também aos salários do período trabalhado.

Em 2008 (Lei n. 11.770), foi criado o Programa Empresa Cidadã, que faculta à empresa aderente a ampliação de licença para mais de 60 (sessenta) dias.

Trabalho do Menor

14

Uma infância abandonada a si mesma é uma ofensa feita ao gênero humano em sua parte mais frágil e indefesa. Daí o Direito do Trabalho conferir especial proteção ao menor trabalhador. Tais proteções são de ordem *fisiológica*, para que seja possível permitir o seu desenvolvimento normal sem os riscos das atividades insalubres e perigosas; *cultural*, para que o menor possa ter instrução adequada; *moral*, para que possa ser afastado de ambientes prejudiciais à sua moralidade; de *segurança*, para que não seja exposto aos riscos de acidente de trabalho.

O menor empregado não pode ser menor de 16 anos; sendo que aos 18 anos cessa a menoridade, porém ao pai é facultado, até que o filho venha a completar 21 anos, pleitear a extinção do contrato de trabalho, se prejudicial (CLT, art. 408).

Ao menor de 18 anos é lícito assinar recibos, menos o de quitação final do contrato de trabalho — art. 439 da CLT.

Há **proibições** ao trabalho do menor quando for: a) trabalho noturno, assim considerado aquele a partir das 22 horas (art. 404 da CLT); b) trabalho em ambiente insalubre, com periculosidade ou capaz de prejudicar a moralidade (art. 405 da CLT); c) trabalho em ruas, praças e logradouros públicos, salvo mediante prévia autorização dos juizados dos menores (art. 405, § 2º, da CLT); d) trabalho que demande o emprego de força muscular, superior a 20 quilos, se contínuo, ou 25 quilos, se ocasional (art. 405, § 5º, da CLT).

São também proibidas as horas extras, salvo as decorrentes de acordo de compensação de horas (art. 413, I, da CLT) ou no caso de força maior, e com direito a adicional de 50%; e quando o menor for empregado em mais de uma empresa, somam-se todos os horários, como se fosse de um emprego só, sendo proibido ultrapassar o total de oito horas diárias de trabalho.

Como **normas legais de proteção**, temos: o dever dos pais de afastar os menores de empregos que diminuam consideravelmente suas horas de estudos

(CLT, art. 427); a manutenção pelos empregadores de local apropriado para ministrarem instrução primária em certas condições (CLT, art. 427); a concessão de férias no emprego coincidentes com as férias na escola (CLT, art. 136); a proibição de fracionar a duração das férias (CLT, art. 134, § 2º).

O trabalho do menor comporta as seguintes **espécies:**

— **menor aprendiz** — já estudamos tal figura quando falamos sobre os tipos de empregados;

— **menor aprendiz não empregado (CLT, art. 431)** — é o menor que tem aprendizagem ministrada por entidade sem fins lucrativos, que tenha por objetivo a assistência ao adolescente e à educação profissional, registrada no Conselho Municipal dos Direitos da Criança e do Adolescente;

— **trabalho socioeducativo** do menor — que é autorizado pelo Estatuto da Criança e do Adolescente (art. 67), que assim considera aquele previsto em programa social, sob responsabilidade de entidade governamental ou não governamental sem fins lucrativos;

— **trabalho familiar** (CLT, art. 402, parágrafo único) — que é o prestado "em oficinas em que trabalhem exclusivamente pessoas da família do menor e esteja este sob a direção do pai, mãe ou tutor"; não figura vínculo de emprego;

— **menor jornaleiro** (CLT, art. 405, § 4º) — é o que trabalha "nas localidades em que existem, oficialmente reconhecidas, instituições destinadas ao amparo dos menores jornaleiros";

— **menor bolsista** — é aquele com menos de 14 anos de idade cujo trabalho é compensado com uma bolsa e não com um salário (ECA). Uma observação: de acordo com o dispositivo constitucional, todo trabalho do menor de 16 anos, salvo na condição de aprendiz, é vedado, daí o conflito que tais modalidades podem gerar com o texto constitucional;

— **primeiro emprego**, com a finalidade de proporcionar ao jovem a oportunidade de obter uma primeira ocupação como empregado, foi instituído em 2003 (Leis ns. 10.748 e 10.940, de 2004) o Programa Nacional de Estímulo ao Primeiro Emprego para os Jovens — PNPE. A finalidade é de atender jovens com idade de 16 a 24 anos em situação de desemprego involuntário que, cumulativamente, não tenham tido vínculo anterior e sejam membros de famílias com renda mensal *per capita* de até meio salário mínimo. Há ainda as seguintes disposições sobre o instituto:

— no mínimo, 70% (setenta por cento) dos empregos criados no âmbito do PNPE serão preenchidos por jovens que ainda não tenham concluído o ensino fundamental ou médio;

— os contratos de trabalho, do programa, poderão ser por tempo determinado (duração mínima de doze meses) ou indeterminado, sendo vedada a contratação de jovens que sejam parentes, ainda que por afinidade, até o segundo grau, dos empregadores e sócios das empresas ou entidades contratantes;

— o programa não abrange o trabalho doméstico nem o contrato de experiência;

— os empregadores terão subvenção econômica no valor de seis parcelas bimestrais de R$ 250,00 por emprego gerado.

O menor na audiência trabalhista — o art. 793 da CLT dispõe: "A reclamação trabalhista do menor de 18 anos será feita por seus representantes legais e, na falta destes, pela Procuradoria da Justiça do Trabalho, pelo sindicato, pelo Ministério Público estadual ou curador nomeado em juízo."

Outra situação particular é a da **prescrição**, já que o art. 440 da CLT aduz que contra o menor não corre prazo prescricional.

15

PRESCRIÇÃO E DECADÊNCIA

Alguém já disse que "entre homens de bem não deveria existir prescrição". Contudo, tal instituto é realidade que se assenta por conta do princípio da segurança jurídica das relações, e é normal que os ordenamentos jurídicos se assentem nos valores justiça e segurança. Destarte, como um breve histórico, podemos apontar que:

— o instituto tem como referência o efeito do tempo nas relações jurídicas, gerando direitos quando prescrição aquisitiva — exemplo do usucapião;

— advém do direito romano, já que inicialmente as ações civis eram perpétuas, como finalidade de fixar prazos para as ações de forma a garantir paz ao devedor e uma estabilidade nas relações sociais; a Constituição de Teodósio II, em 424 (Código Teodosiano, Liv. IV, Tít. 14, Lei n. 1), fixou a prescrição das ações perpétuas;

— etimologicamente *praescripto* (do verbo *praescribero*, de *prae* + *scribero*), ou seja, escrever antes do começo, para Sergio Pinto Martins, "lembra-nos a parte preliminar (escrita antes) da fórmula em que o pretor romano determinava, ao juiz, a absolvição do réu, caso estivesse esgotado o prazo de ação"[55];

— portanto, o objetivo de tal instituto sempre foi a estabilidade, a segurança, a estabilidade de regras, a economia de documentos a serem guardados, em suma, sua finalidade é de ordem pública;

— é bem verdade que nas Ordenações Filipina e Manoelina prevaleciam o sentimento de punir o titular inerte, privando-o do seu direito;

— diferencia-se da preclusão, que é a perda de uma faculdade processual, e da perempção, perda do direito da ação pela negligência — art. 267, III, e 268 do CPC —; na CLT, assume outras características, *vide* art. 732 da CLT.

---

(55) MARTINS, Sergio Pinto. *Direito do trabalho*. São Paulo: Atlas, 2009. p. 122.

15.1. CONCEITOS DE PRESCRIÇÃO E DECADÊNCIA

A **prescrição**, de acordo com o novo Código Civil, é conceituada como sendo a extinção da pretensão de um direito material violado pelo decurso dos prazos previstos em lei, desde causas impeditivas, interruptivas ou suspensivas de seu decurso — arts. 189 e 206 do CC c/c arts. 26 e 27 CDC. O direito em si sobrevive e pode ser exercido extrajudicialmente, mas não mais cobrado, exigido.

A **decadência**, que não é conceituada pelo Código, é a perda de direitos potestativos (poderes que a lei confere a determinadas pessoas, de influir, com uma declaração de vontade, sobre situações jurídicas de outras, sem o concurso da vontade dessas) e invioláveis pelo decurso de prazo previsto em lei ou no contrato para seu exercício. Enquanto a prescrição torna inexigível uma pretensão, a decadência extingue o próprio direito. A decadência no Direito do Trabalho tem pequena incidência: a) inquérito judicial contra empregado estável se suspenso — trinta dias, *vide* Súmula n. 62 do TST c/c Súmula n. 103 do STF; b) mandado de segurança — 120 dias; c) embargos à execução — cinco dias; d) ação rescisória — dois anos.

15.2. NORMAS GERAIS DE PRESCRIÇÃO

— os particulares não podem declarar imprescritível qualquer direito, mesmo em benefício do empregado, não se aplicando neste caso o princípio da condição mais benéfica;

— os prazos só podem ser fixados por lei e não podem ser majorados em qualquer hipótese pelos particulares, mesmo que em benefício do trabalhador;

— as partes não podem criar hipóteses de interrupção, suspensão ou causas de impedimento do fluxo da prescrição, nem o juiz pode fazer interpretação extensiva ou análoga — art. 192 do CC;

— antes de consumada, a prescrição não pode ser renunciada — art. 191 do CC;

— a prescrição iniciada contra uma pessoa continua a correr contra o seu sucessor, salvo quando absolutamente incapaz — art. 196 do CC, c/c art. 198, I do CC;

— com o principal, prescrevem os acessórios;

— a prescrição em curso não gera direito adquirido;

— tanto as pessoas naturais como as pessoas jurídicas sujeitam-se à prescrição;

— a prescrição interrompida recomeça a correr na data do ato que a interrompeu ou do último ato praticado no processo para interromper — art. 202, parágrafo único do CC;

— a interrupção do prazo prescricional só poderá ocorrer uma vez — art. 222, *caput*, do CC;

— suspensa a prescrição, em favor de um dos credores solidários, só aproveita aos outros se a obrigação for indivisível — art. 201 do CC.

15.3. SÍNTESE ESQUEMÁTICA DE PRESCRIÇÃO E DECADÊNCIA

P — Extingue a pretensão (art. 189 do CC).

D — Extingue o direito.

P — Relaciona-se a uma pretensão pessoal ou real.

D — Relaciona-se a direitos potestativos e a direitos sem prestação.

P — Incide nas ações condenatórias.

D — Incide nas ações constitutivas.

P — Seu prazo começa a fluir da lesão e não do direto, primeiro nasce o direito e depois a lesão — art. 189 do CC.

D — Seu prazo começa a fluir do nascimento do direito.

P — Não podia ser conhecida de ofício, salvo quando aproveitava incapaz (art. 194 CC). A partir da Lei n. 11.208/2006, o art. 219, § 5º, do CPC passou a autorizar o juiz a conhecer da prescrição de ofício.

D — A decadência prevista em lei pode ser conhecida de ofício pelo juiz — art. 210 do CC.

P — Suas hipóteses e seus prazos são fixados exclusivamente pela lei e as partes não podem alterá-los ou criar novas hipóteses — art. 192 do CC.

D — Suas hipóteses e seus prazos são fixados pela lei ou pela vontade das partes, os prazos legais não podem ser alterados.

P — Os prazos são passíveis de suspensão, interrupção e causas impeditivas de seu curso.

D — Seus prazos não são passíveis de suspensão, interrupção e causas impeditivas de seu curso, salvo contra os incapazes — arts. 207, 208 do CC c/c 198, I do CC.

P — As hipóteses de suspensão, interrupção e causas impeditivas são taxativas na lei, não podendo as partes criar outras.

D — Seus prazos não são passíveis de suspensão, interrupção e causas impeditivas de seu curso, ver OJ ns. 13 e 18 da SDI-II do TST.

P — Pode ser renunciada depois de consumada — art. 191 do CC.

D — Não pode ser renunciada — art. 209 do CC.

P — A parte pode arguir a qualquer tempo em grau ordinário de jurisdição — art. 193 do CC.

D — A parte pode arguir em qualquer tempo em grau ordinário de jurisdição — art. 211 do CC.

15.4. AS ESPÉCIES DA PRESCRIÇÃO TRABALHISTA

É sabido que o Direito do Trabalho vive com difícil enredo social: o empregado no curso do contrato de trabalho nada reclama, com fundado receio de ser mandado embora, daí que a prescrição trabalhista mereceria séria mitigação; contudo, entre a Justiça e a segurança jurídica prevalece ainda séria inclinação para a segunda.

É no art. 7º, inciso XXIX, que temos a definição dos prazos prescricionais: "ação, quanto aos créditos resultantes da relação de trabalho, com prazo prescricional de cinco anos para os trabalhadores urbanos e rurais, até o limite de dois anos após a extinção do contrato".

Destarte, podemos assim classificar a prescrição trabalhista: não há prescrição aquisitiva (**usucapião**) no Direito do Trabalho. Ocorrem, porém, as chamadas: a) prescrição extintiva; b) prescrição total: cinco anos; c) prescrição parcial: cinco anos; d) prescrição intercorrente: dois anos — Súmula n. 150 do STF.

— **EXTINTIVA**: Começa a fluir após a extinção do pacto, independentemente de ter ou não ocorrido alguma lesão; seu prazo é de dois anos — art. 7º, XXIX, da CF c/c art. 11 da CLT.

Assemelha-se com a decadência, pois seus prazos começam a fluir da extinção do contrato (já computado o aviso-prévio indenizado, trabalhado ou indenizado — OJ n. 83 da SDI-I do TST).

Como sua referência é a extinção do contrato, se algum direito for criado por lei ou norma coletiva, após a extinção do contrato de trabalho, começa a fluir o prazo para reclamar o implemento, ou cumprimento de tal direito, na data da sua criação, e não com a lesão. Exemplo: a diferença da indenização do adicional de 40% decorrente de expurgo inflacionário incidente sobre o FGTS prescreve em dois anos contados a partir da Lei Complementar n. 110/01 — OJ n. 344 da SDI-I do TST; outro exemplo é o pedido de readmissão em virtude de anistia a partir da concessão da anistia — art. 8º do ADCT e Lei n. 8.878/94.

— **PARCIAL**: Como vimos, há previsão constitucional, acima descrita. A prescrição parcial é de cinco anos e torna inexigíveis as parcelas anteriores a cinco anos da data do ajuizamento da ação — OJ n. 204 da SDI-I do TST.

O quinquênio é contado a partir da data do ajuizamento da ação que está sendo julgada para trás.

— **TOTAL**: A matéria é tratada de forma exclusiva pela **Súmula n. 294** do TST, que define a aplicação total de acordo com o chamado ato único do empregador; e a parcela não é garantida por lei, mas sim, pelo pactuado (ex.: majoração de extras, estipulação de prêmio etc.): "Tratando-se de ação que envolva pedido de prestação sucessiva decorrente de alteração do pactuado, a prestação é total, exceto quando o direito à parcela esteja também assegurado por preceito de lei." Difere-se da **Súmula n. 373**, que é alteração que se prolonga no tempo e que atrai a prescrição parcial: "Tratando-se de pedido de diferença de gratificação semestral que teve seu valor congelado, a prescrição aplicável é parcial."

Em nosso sentir, malgrado o respeito por nosso Colendo TST, tal aplicação fere ao determinado pelo texto constitucional. Tarso Genro fez sérias restrições ao teor da Súmula n. 294: "De onde ela vem? De que tradição jurisprudencial? O que ela pretende? (...) A Súmula n. 294 foi editada com o visível objetivo de abortar a produção dos efeitos visados pelo legislador constituinte, que consagrara de forma inequívoca a prescrição parcial, ao mesmo tempo em que dilatava sensivelmente o prazo prescricional."[56] É passível também de dúvidas, quando a Súmula mencionada usa o termo *lei*, ou seja, deve ser interpretada somente em sentido restrito, ou quando, também, refere-se às convenções e aos acordos coletivos de trabalho.

15.5. CASOS ESPECIAIS

Podemos mencionar os seguintes casos mais recorrentes no campo laboral:

— **MENOR**: Contra o menor de 18 anos, não corre a prescrição (**art. 440 da CLT**).

A emancipação, o casamento, o emprego público efetivo, a colação de grau em curso de ensino superior, a propriedade de estabelecimento civil ou comercial não alteram a prescrição a ser aplicada ao menor.

A prescrição prevista no art. 440 da CLT aplica-se apenas ao menor e não ao herdeiro do falecido.

— **DOMÉSTICO**: Para a corrente dominante se aplica o prazo constitucional, já que o instituto visa à pacificação social. Portanto, trata-se de direito material previsto pela norma constitucional que não excluiu o trabalhador doméstico, até porque o texto constitucional fala em *relação de trabalho*.

---

(56) GENRO, Tarso. *Op. cit.*, p. 345.

Outra corrente entende que a prescrição do doméstico não foi prevista pela CLT e nem pela Constituição Federal; aduz, ainda, que no Código anterior (art. 178, § 10, V) era disposto o prazo de cinco anos para "os serviçais, operários e jornaleiros, para pagamento dos seus salários", e que, atualmente, como esse artigo não possui correspondência, aplica-se o art. 205 do CC, que fala em dez anos para os casos omissos.

— RURAL: Não corria a prescrição parcial para o rural no curso do contrato de trabalho. Todavia, a Emenda Constitucional n. 28, publicada em 29.5.2000, aplicou ao rural a prescrição parcial de cinco anos; dessa forma, igualou o rural ao urbano, partindo da premissa de que a diferença existente não se coadunava com os tempos modernos, já que o rural é trabalhador com o mesmo nível de consciência do urbano.

Para parte da doutrina, se o contrato foi firmado antes da promulgação da lei, tem-se que parte do contrato que vigorou antes da emenda constitucional não será atingido pela prescrição parcial, já que a prescrição é regra de direito material e seus prazos são definidos pela lei material vigente à época.

Para outra parte, o prazo prescricional é aplicado de imediato, de forma retroativa, mesmo para os contratos anteriores à lei em comento, ante o argumento de que o trabalhador tinha apenas expectativa de direito à imprescritibilidade de seus créditos.

Para outra, *vide* a OJ n. 271 da SDI-I, o prazo prescricional será de acordo com a data da extinção do contrato.

Para a última, mais radical, não se aplica a prescrição parcial, pois que entende que a emenda constitucional é inconstitucional, porque suprimiu direito social do empregado rural, consagrado no art. 7º, XXIX, b, da CF/88, o que viola o disposto no art. 60, § 4º, IV, também da CF/88.

— FGTS: Conforme o art. 23, § 5º, da Lei n. 8.036/92, a prescrição para reclamar diferenças do FGTS é trintenária.

Prevalece ainda a Súmula n. 362 do TST: "É trintenária a prescrição de reclamar contra o não recolhimento da contribuição para o FGTS, observado o prazo de 2 (dois) anos após o término do contrato de trabalho."

A conversão do regime jurídico importa na extinção do contrato de trabalho, desafiando a prescrição de dois anos a partir de então — Súmula n. 382 do TST.

A prescrição para reclamar a diferença de 40% sobre o FGTS, em virtude dos expurgos inflacionários, é de dois anos contados a partir da Lei Complementar n. 110/01.

— **DANO MORAL, PATRIMONIAL E ACIDENTE DE TRABALHO:** A matéria é complexa, merecendo leituras especializadas para seu aprofundamento. Em síntese, temos três correntes básicas.

A primeira, no sentido de que todo crédito ou direito pretendido pelo empregado, em razão de lesão causada pelo seu empregador, submete-se à regra constitucional, assim como a reparação de qualquer dano material ou moral também — ou seja, dois anos após a cessão do contrato enquanto prescrição total, e de cinco anos contados para trás tendo como marco a propositura da reclamação trabalhista, ou seja, prescrição parcial. Malgrado ser tema de sérias cizânias, nos parece o entendimento mais acertado, já que a indenização em comento tem natureza de crédito tipicamente trabalhista.

A segunda, de que a lesão é de natureza civil e, por isso, atrai a prescrição civil, isto é, aquela prevista no art. 206, § 3º, inciso V, do CC (três anos); ou quando o dano tiver ocorrido em data anterior ao novo Código, pelo antigo art. 177 do CC de 1916 (vinte anos). Que se atente ainda que, na forma do art. 2.028 do CC de 2008, serão mantidos os prazos prescricionais do CC de 1916 se, à época de sua entrada em vigor, tiver ocorrido mais da metade do prazo prescricional. Como variante, há quem ainda entenda que a prescrição para o dano moral, contada a partir da lesão, é a prescrição geral de dez anos, conforme estabelecido no art. 205 do Código Civil em vigor.

A terceira advoga que deverá ser aplicada a prescrição civil quando a lesão (principalmente quanto ao acidente de trabalho) tiver ocorrido antes da EC n. 45/2004; e trabalhista, para as havidas após a Emenda. O TST vem admitindo tal possibilidade como espécie de regra de transição, ou seja, "deve-se aplicar ao dano decorrente do contrato de trabalho a prescrição prevista na legislação civil vigorante à época do alegado dano, desde que a ação tenha sido ajuizada na Justiça Comum em época anterior à fixação da competência para julgar essa espécie de lide" — *vide* TST-RR-607/2004-016-00-00.8, rel. min. Carlos Alberto Reis de Paula.

— **DO RECONHECIMENTO DE VÍNCULO DE EMPREGO:** O art. 11 da CLT dispõe que os prazos prescricionais ali estipulados não se aplicam às ações que tenham por objeto anotações para fins de prova junto à Previdência Social.

Ademais, dispõe a **Súmula n. 156 do TST** que será da data de extinção do último contrato que começará a fluir o prazo prescricional do direito de ação objetivando a soma de períodos descontínuos de trabalho.

— **DA DECISÃO NORMATIVA:** Em primeiro lugar, que se explique: a execução da sentença normativa, por ação de cumprimento, não necessita do trânsito em julgado, ou seja, mesmo ocorrendo recurso ao TST, tem a parte a faculdade da imediata execução, correndo seus riscos, pois que a sentença poderá até ser modificada (Súmula n. 246 do TST). Por seu turno, dispõe a **Súmula n. 350 do TST** que o prazo de prescrição com relação à ação de cumprimento de decisão normativa flui apenas a partir da data de seu trânsito em julgado, ou seja, havendo ou não ação de cumprimento, a prescrição começa a ser contada no mencionado prazo.

— **DA COMPLEMENTAÇÃO DE APOSENTADORIA**: Duas situações distintas:

Dispõe a **Súmula n. 326 do TST**: "Em se tratando de pedido de complementação de aposentadoria oriunda de norma regulamentar e jamais paga ao ex-empregado, a prescrição aplicável é a total, começando a fluir o biênio a partir da aposentadoria."

Já a **Súmula n. 327 do TST** aduz que: "A pretensão à diferença de complementação de aposentadoria sujeita-se à prescrição parcial e quinquenal, salvo se o pretenso direito decorrer de verbas não recebidas no curso da relação de emprego e já alcançadas pela prescrição, à época da propositura da ação."

— **DA PRESCRIÇÃO EM FACE DO EMPREGADO**: A despeito de ausência de previsão específica do prazo prescricional, quando a pretensão é do empregador em qualquer espécie de pedido em face do empregado, deve ser aplicado o prazo constitucional ante natural princípio de simetria. Contudo, entende Sergio Pinto Martins[57] que, por falta de previsão legal na CF/88 e na CLT, o prazo de prescrição do empregador é de dez anos, previsto no art. 206 do Código Civil.

15.6. DAS CAUSAS QUE IMPEDEM OU SUSPENDEM A PRESCRIÇÃO

O prazo prescricional pode ser suspenso ou interrompido. Quando suspenso, cessada a causa que o determinou, o prazo continua a fluir, somando o período já transcorrido. Na interrupção, o prazo recomeça desde o início, não computando o prazo já transcorrido.

O art. 202 do CC de 2002 dispõe que a interrupção só pode ocorrer uma vez.

As causas interruptivas da prescrição são fatos provocados e determinados diretamente pelas partes.

Já as chamadas causas impeditivas são restrições impostas pela lei que inviabilizam, juridicamente, o início da contagem da prescrição ou sustam a contagem quando suspensiva.

A propositura de reclamação administrativa não se enquadra como interrupção da prescrição.

---

(57) MARTINS, Sergio Pinto. *Op. cit.*, p. 458.

A citação válida importa em interrupção da prescrição, na forma do art. 219, § 1º, do CPC c/c art. 202, I, do CC.

Citado o réu, mesmo que o processo seja extinto sem julgamento de mérito, a prescrição estará interrompida quanto aos mesmos pedidos e à causa de pedir — Súmula n. 268 do TST.

No caso de "arquivamento" de reclamação, a contagem de biênio prescricional final para propositura de nova ação reinicia-se precisamente da data do "arquivamento".

Já a contagem da prescrição quinquenal terá como marco o primeiro ato de interrupção, isto é, a propositura da primeira reclamação trabalhista.

Protesto judicial é espécie de ação cautelar administrativa. Para interromper a prescrição é preciso indicar as parcelas trabalhistas que se pretende interromper, não se admitindo os chamados protestos genéricos, sendo ainda polêmica a possibilidade de o sindicato se utilizar da substituição processual para efetivação do protesto.

Exemplo de **suspensão** é o recesso forense — art. 179 do CPC e Súmula n. 262, II, do TST.

Outro exemplo é o da suspensão pela apresentação de reclamação nas Comissões de Conciliação Prévia, *vide* art. 625-G da CLT: "O prazo prescricional será suspenso a partir da provocação da Comissão de Conciliação Prévia, recomeçando a fluir, pelo que lhe resta, a partir da tentativa frustrada de conciliação ou do esgotamento do prazo previsto pelo art. 625 F."

É polêmica a questão da suspensão do contrato de trabalho como fator de suspensão do prazo prescricional, há quem entenda que "omissa a lei, razoável a inovação analógica do art. 170, inciso I, do Código Civil brasileiro, segundo o qual não flui a prescrição pendendo condição suspensiva". Porém, o fato de estar a pessoa enferma, acamada ou imobilizada não está previsto nos casos de suspensão, e, para Homero Silva, "há um perigo enorme de se retornar às origens da prescrição, quando qualquer pessoa podia invocar qualquer situação que justificasse a inércia para o ajuizamento da ação".[58]

15.7. CONTAGEM DA PRESCRIÇÃO

Dispõe a Lei n. 810/40 c/c art. 132, § 3º, do CC, que os prazos fixados em um ano devem ser contados repetindo-se o mesmo dia e mês no ano correspondente.

---

(58) SILVA, Homero Batista Mateus da. *Op.cit.*, p. 123.

Se o último dia do contrato recaiu no dia 10.5.2005, já incluído o aviso prévio, o trabalhador poderá ajuizar a ação até 10.5.2007, último dia de seu prazo.

O curso do prazo prescricional inicia-se com o conhecimento da lesão.

Se o último dia do prazo prescricional recair em um feriado, domingo ou dia de recesso, será prorrogado para o primeiro dia útil posterior.

15.8. ARGUIÇÃO DA PRESCRIÇÃO

Agora o art. 219, § 5º, do CPC dispõe que o "juiz pronunciará de ofício a prescrição", assim o legislador reforçou a ideia de interesse público do instituto.

Parte da doutrina alega que tal dispositivo não é aplicável ao processo do trabalho por ser incompatível com a norma constitucional que estabelece o princípio da prevalência da condição mais benéfica — art. 7º da CF/88.

A parte interessada pode alegar a prescrição em contestação; a prescrição **não é preliminar**, mas, sim, fato extintivo do direito do autor; como menciona o inciso IV do art. 269 do CPC, é julgado o mérito quando se acolhe a prescrição; portanto, não se trata de pressuposto processual ou condição da ação.

De acordo com o art. 193 do CC, "poderá ser alegada em qualquer grau de jurisdição, pela parte a quem aproveite". Contudo, a Súmula n. 153 do TST fala apenas em instância ordinária (até o tribunal regional), o que é correto, já que é pacífico o entendimento de que, nas instâncias extraordinárias, não se tem conhecimento de matéria que não fora questionada nas instâncias ordinárias.

Questões controvertidas: sendo a prescrição arguida nas razões finais ou nas contrarrazões, há quem sustente que a parte contrária deveria ter prazo para se manifestar — princípio do contraditório; por tal ângulo também é polêmica a arguição na tribuna, em embargos declaratórios ou contrarrazões, se não for dada oportunidade para a manifestação do *ex adverso*.

Sobre a atuação do Ministério Público, dispõe a orientação do TST, OJ n. 130: "Ao exarar o parecer na remessa de ofício, na qualidade de *custos legis*, o Ministério Público não tem legitimidade para arguir a prescrição em favor de entidade de direito público, em matéria de direito patrimonial (art. 194 do CC de 2002 e 219, § 5º, do CPC)." Contudo, temos que o art. 194 já foi revogado e o art. 219, § 5º, fala justamente agora em prescrição de ofício.

15.9. PRESCRIÇÃO INTERCORRENTE

A prescrição intercorrente é a que ocorre durante o curso do processo judicial. Tem cabimento quando a parte deixa de providenciar o andamento do processo, na diligência que lhe competia. Seu prazo é idêntico ao prazo para ajuizar a ação. Portanto, é de dois anos para os contratos extintos e de cinco anos se ainda for vigente o pacto.

Todavia, tal instituto é inaplicável na Justiça do Trabalho, pois que, de acordo com o art. 878 da CLT, a execução será promovida por qualquer interessado ou pelo juiz. É a posição majoritária de acordo com a Súmula n. 114 do TST a par dos termos do art. 884, § 1º, da CLT (texto que aduz a possibilidade de se invocar a prescrição em fase de execução). Contudo, para muitos doutrinadores, tal texto reflete época em que a Justiça do Trabalho era de esfera administrativa, sendo a execução efetuada na Justiça Estadual ou Federal.

Contudo, parte da doutrina vislumbra tal possibilidade, *vide* Delgado, que entende "tratar-se da omissão reiterada do exequente no processo, em que ele abandona, de fato, a execução, por um prazo superior a dois anos, deixando de praticar, por exclusiva omissão sua, ato que tornem fisicamente impossível a continuidade do processo".[59] Detalhe que a Súmula n. 327 do STF aduz que "O direito trabalhista admite a prescrição intercorrente".

Ademais, conforme § 1º do art. 267 do CPC, para o juiz que aplica tal instituto em seara trabalhista, é mister que antes determine a intimação pessoal do empregado a fim de que, em 48 horas, cumpra a diligência determinada.

---

(59) DELGADO, Mauricio Godinho. *Op. cit.*, p. 345.

16
DIREITO INTERNACIONAL DO TRABALHO

Segundo Sergio Pinto Martins (*op. cit.*, p. 69), o "Direito Internacional do Trabalho não faz parte do Direito do Trabalho, mas é um dos segmentos do Direito Internacional; entretanto, há necessidade de se estudar tal ramo para serem compreendidas certas regras internacionais que envolvem o trabalho, principalmente as emanadas da Organização Internacional do Trabalho (OIT)".

16.1. A OIT

É um organismo internacional criado pelo Tratado de Versalhes (1919) com sede em Genebra, ao qual podem filiar-se todos os países-membros da Organização das Nações Unidas — ONU.

São órgãos da OIT: a) a *Conferência Geral*, constituída de representantes dos estados-membros, realizando sessões, pelo menos uma vez por ano, às quais comparecem as delegações de cada Estado, compostas segundo o princípio do tripartismo, isto é, integradas tanto por membro do Governo como por trabalhadores e empregadores; b) o *Conselho de Administração*, órgão colegiado que exerce a administração da OIT, composto de membros do Governo, dos trabalhadores e dos empregadores representantes dos países de maior importância industrial; c) a *Repartição Internacional do Trabalho*, sob a direção do Conselho de Administração, tendo um diretor-geral.

16.2. TRATADOS E CONVENÇÕES INTERNACIONAIS

De acordo com Vólia Bomfim Cassar, "a finalidade dos tratados e das convenções internacionais do trabalho é de uniformizar os direitos sociais entre os múltiplos países e organismos internacionais, para garantir, de forma holística, um mínimo existencial e, com isso, assegurar vantagens trabalhistas mínimas, impedindo a redução destas garantias, sob o argumento da necessária diminuição dos custos empresariais, para maior concorrência no mercado internacional".[60] Temos as seguintes definições:

Tratado de acordo com a Convenção de Viena: "é um acordo internacional celebrado por escrito entre Estados e regido pelo direito internacional, constante de um instrumento único ou de dois ou mais instrumentos conexos e qualquer que seja sua denominação particular". Podendo ser, de acordo com o número de partícipes, bilateral (ex.: Tratado de Itaipu) ou unilateral (ex.: Tratado de Assunção que criou o Mercosul).

Convenção é um acordo internacional votado pela Conferência da OIT que poderá ter a forma de uma própria convenção internacional ou de uma recomendação. Uma vez aprovada uma Convenção, a OIT dá conhecimento dela aos estados--membros para fins de ratificação.

A **ratificação** é o ato de direito interno pelo qual o Governo de um país aprova uma convenção ou tratado, admitindo sua eficácia na sua ordem jurídica.

No Brasil, é da competência exclusiva do Congresso Nacional (CF/88, art. 49) aprovar, ou não, tratados e acordos internacionais. A rigor, a aceitação da norma estrangeira segue o seguinte roteiro: a) celebração exclusivamente pelo presidente da República; b) posterior necessidade de referendo pelo Congresso Nacional; c) novo referendo do presidente da República com assinatura e respectivo depósito dos instrumentos (início da vigência interna); d) obrigatoriedade de promulgação, através de decreto expedido pelo Executivo, vertendo a norma externa para o nosso vernáculo, publicado em diário oficial, para a sua publicização (fase que integra a eficácia dos tratados).

Explica Evaristo de Moraes Filho que, "como é de praxe, constam do próprio texto da convenção, à época de vigência, o prazo de validade, renovação tácita, termo de denúncia, e assim por diante"[61].

Uma vez ratificados, esses atos adquirem eficácia de norma jurídica, equiparando-se às leis federais. Contudo, a Emenda Constitucional n. 45/04 trouxe importantes mudanças, já que os tratados e as convenções, em certas circunstâncias, adquirem *status* de emenda constitucional, a saber: art. 5º, § 3º. "Os tratados e convenções internacionais sobre direitos humanos, que forem aprovados, em cada Casa do Congresso Nacional, em dois turnos, por três quintos dos votos dos respectivos membros, serão equivalentes às emendas constitucionais."

---

(60) CASSAR, Vólia Bomfim. *Op. cit.*, p. 398.
(61) MORAES FILHO, Evaristo de. *Op. cit.*, p. 36.

Portanto, possíveis **conflitos** entre as normas internas e os tratados e convenções internacionais são resolvidos de acordo com a hierarquia acima indicada. Ou seja, os diplomas internacionais são normas infraconstitucionais, submetem-se assim ao crivo de nossa constitucionalidade, podendo ser declarados inválidos, mesmo após ratificados, sendo que podem ser considerados como emenda à Constituição diante dos requisitos acima mencionados.

Incluam-se entre os atos de âmbito internacional as declarações, que são pronunciamentos de natureza programática, fixando princípios e regras destinadas a inspirar a elaboração das leis dos diversos países (ex.: *Declaração Universal dos Direitos dos Homens de 1948*).

16.3. COMUNIDADES INTERNACIONAIS

É destaque de nossa modernidade a união dos países em blocos econômicos e políticos, daí o aparecimento de um direito internacional do trabalho.

O maior destaque é a União Europeia, que tem Parlamento, leis próprias e moeda única. Inclusive tem a *Carta Comunitária de Direitos Sociais (1989)*, mas que excluiu da competência normativa de legislação social o direito de associação, o direito de greve e o locaute.

No Brasil, o Mercosul reúne o Brasil, a Argentina, o Paraguai e o Uruguai, tendo ainda como Estados Associados o Chile, a Bolívia, a Colômbia, o Equador, o Peru e a Venezuela, com a finalidade de promover a integração econômica desses países e reduzir, ou eliminar, as barreiras alfandegárias e instituir um bloco econômico para incentivar sua participação no mercado internacional.

Há o *Acordo Multilateral de Seguridade Social del Mercado Comum del Sur (Mercosur)*, que estabelece normas sobre as relações de seguridade social entre os países-membros, no sentido da reciprocidade de tratamento previdenciário entre os signatários. Além disso, as Resoluções ns. 38/95 e 115/96 proclamam princípios e direitos fundamentais — em suma, é uma declaração pela qual os países que a integram comprometem-se a assegurar diversas garantias trabalhistas, individuais e coletivas.

17

DO DIREITO COLETIVO

17.1. DEFINIÇÃO. DENOMINAÇÃO. AUTONOMIA E PRINCÍPIOS

"Direito Coletivo pressupõe uma relação coletiva de trabalho, em que sujeitos se encontram em função de uma coletividade, logo, a relação jurídica daí advinda põe em jogo interesses abstratos do grupo."[62]

Para Vólia Bonfim Cassar, "O Direito Coletivo é a parte do Direito do Trabalho que trata coletivamente dos conflitos do trabalho e das formas de solução desses mesmos conflitos. Trata da organização e da forma de representação coletiva dos interesses da classe trabalhadora."[63]

Cabanellas, como "a parte do Direito do Trabalho que compreende o conjunto de normas jurídicas que reconhecem que todo patrão e obreiro tem para associarem-se em defesa de seus interesses profissionais".

Não obstante as diferenciações existentes com o direito individual, está claro que o direito coletivo interfere diretamente no contrato de trabalho, que é a principal referência do direito individual do trabalho. Ademais, um dos pontos mais característicos é que a figura do trabalhador advém com a ideia do grupo, do conflito de classe, das mobilizações, das negociações coletivas, enfim, o trabalhador interfere sempre enquanto classe, perdendo sua hipossuficiência, já que está em igualdade de armas com o patrão, daí também se deve destacar sua natureza de direito privado.

Suas fontes formais por excelência, como já visto, são a convenção, o acordo coletivo, a arbitragem e a sentença normativa. Sua fonte material fortíssima é a greve.

---

(62) BARROS, Alice Monteiro de. *Curso de direito do trabalho*. São Paulo: LTr, 2003. p. 122.
(63) CASSAR, Vólia Bonfim. *Op. cit.*, p. 1.204.

É também denominado Direito Sindical, mas já foi também chamado de Direito Corporativo e Direito Normativo, prevalecendo mesmo o nome de Direito Coletivo.

Para muitos, é mero ramo do Direito do Trabalho, considerando que: suas normas estão na CLT e na CF/88; os doutrinadores o estudam ao lado do Direito Individual do Trabalho; no currículo escolar encontra-se como subdivisão do Direito do Trabalho; e suas controvérsias são julgadas pela mesma Justiça do Trabalho.

Para outros, há autonomia porque há domínio de vasta matéria, princípios próprios, institutos particulares; o sujeito é a categoria, o objeto é a satisfação dos integrantes da categoria e não da pessoa física, e a relação jurídica estabelece condições mais vantajosas que se incorporam aos contratos individuais.

Seus **princípios** são:

— **da liberdade sindical**: veda a intervenção do Estado na criação ou funcionamento do sindicato; divide-se em coletiva e individual: coletiva é a liberdade de o grupo constituir o sindicato de sua escolha, com a estrutura e o funcionamento que desejar, com ampla autonomia; a individual é positiva — no sentido de aderir ao grupo para fundar sindicatos, se filiar e neles permanecer, e também negativa, ante a possibilidade de desassociar-se ou de não filiar-se;

— princípio **da preponderância do coletivo sobre o individual**, já que se preocupa com o coletivo; a negociação tem autonomia para propor mudanças, reivindicações e até permitir a redução de direitos, sendo o sujeito dessa relação a coletividade;

— princípio da **autonomia coletiva ou poder de autorregulamentação**, deixa o Estado de ser o regulador único já que outros entes, via de regra, os sindicatos, podem criar, suprimir ou alterar direitos trabalhistas, dentro, é claro, de limitações, sendo que o Estado deve incentivar os mecanismos de autocomposição (Convenção n. 154 da OIT);

— princípio do **equilíbrio social**, já que a negociação coletiva tem como finalidade buscar o equilíbrio, pondo fim ao conflito e pacificando a coletividade;

— princípio da **adequação ou adaptação**, já que a finalidade da negociação coletiva é a de adequar os direitos trabalhistas a cada categoria de acordo com a região, a época, a situação econômica, a empresa, as condições de trabalho etc.; flexibilizando direito para buscar a recuperação da empresa, e quando as condições financeiras do patrão estiverem boas e as de trabalho ruins, a negociação deve buscar melhorias nas condições de trabalho — em suma, juízo de equidade;

— limites da **negociação coletiva**, já que as normas coletivas têm ampla liberdade para conceder benefícios superiores aos previstos na lei, mas têm limitação quando desejarem reduzir ou suprimir direitos previstos em lei, sendo que para suprimir tem de se provar a precária situação da empresa;

— princípio da **boa-fé**, já que é necessária uma análise adequada das proposições dos adversários, que retrate com fidelidade a situação real da empresa e das necessidades apontadas na pauta de reivindicações dos trabalhadores, o direito à informação deve ser garantido aos negociantes, deve-se respeitar a vontade da maioria que se manifesta através da Assembleia Geral, no momento do processo de negociação coletiva, transparência e publicidade nas informações prestadas na mesa de negociação (art. 524, letra *e*, da CLT);

— princípio **da intervenção obrigatória dos sindicatos**, já que para a validade da negociação coletiva a lei (art. 8º, III e VI, da CRFB c/c art. 611 da CLT) exige a intervenção;

— princípio da **equivalência entre os negociantes**, já que os sindicatos se equivalem, tendo em vista que agem em nome do grupo, atuam com liberdade, sem a pressão ou possibilidade de retaliação diferente do empregado e de sua atuação individual;

— princípio **da atuação de terceiros**, já que, quando as partes não conseguem chegar à solução do conflito, é natural a atuação de terceiros, para intermediar a solução (mediadores ou conciliadores) ou para arbitrar a solução (arbitragem);

— princípio da **autodeterminação coletiva ou autotutela**, que consiste no poder que os sindicatos têm de aplicar sanções aos membros de grupo que violam suas regras de direção ou ao grupo oposto (greve, *lockout*, boicote etc.);

— princípio da **democracia sindical interna**, já que a vontade da maioria deve ser apurada por meio de métodos colegiais, em que uma diretoria é eleita através de procedimentos como convocação, reunião, discussão, moção, impugnação etc.

17.2. O SINDICATO

17.2.1. História

Podemos dizer que antes do surgimento dos sindicatos tivemos na antiguidade os Colégios romanos (divisão do povo segundo seus ofícios). Com as corporações de ofícios (mestres, companheiros, aprendizes), de surgimento no século XIV, apareceram as *Compagnonnage* (organização dos companheiros), sendo que da Revolução Francesa surge a Lei Chapelier, com a proibição de corporações e associações. Mas é na Inglaterra onde a luta de classe explode e onde surge a configuração clássica dos sindicatos modernos — da expressão *syndic* nasce a palavra *syndicats*.

No **Brasil**, a partir do início do século XX, tivemos o fluxo do movimento sindical — o Estado Novo estabeleceu a unicidade sindical e proibiu qualquer propaganda política; após restabelecida a democracia, o golpe de estado de 1964 também fragiliza, via repressão, o movimento sindical pátrio. Com a greve do

ABC paulista e a liberdade sindical (CFRB de 1988), abrem-se as perspectivas do surgimento de instituições fortes e representativas. Contudo, seu novo contexto é de desemprego (a par da sensível diminuição na última década) e de terceirização, o que fragiliza deveras suas atuações.

17.2.2. Natureza jurídica

O sindicato é uma forma de organização de pessoas físicas ou jurídicas (quando empresas — sindicato patronal) que figuram como sujeitos nas relações coletivas de trabalho.

É pessoa jurídica de direito privado, com autonomia em face do Estado, já que tem liberdade de autodeterminação e autogoverno a partir da Constituição de 1988, porém, não se pode deixar de reconhecer que são regidos por lei.

17.2.3. A liberdade sindical

O sindicato e as associações são livres — *vide* art. 8º da CF/88 —, sendo vedada a associação de caráter paramilitar — art. 5º, XVII, da CF/88.

Ficou mantida, porém, a **unicidade sindical** (art. 8º, inciso II, da CF/88), ou seja, a impossibilidade da criação de mais de uma organização sindical, em qualquer grau — o que inclui federações e confederações —, representativa da categoria profissional ou econômica, na mesma base territorial, que não pode ser inferior à área de um Município.

Ao contrário do **pluralismo sindical** que representa a possibilidade de existir mais de um sindicato da categoria, profissional ou econômica, disputando na prática a representação dos trabalhadores, independentemente do território.

No art. 37, VI, é garantida a associação ao servidor público, proibindo-a ao servidor público militar — art. 142, IV.

O pedido de registro tem de ser primeiro dirigido ao Ministério do Trabalho e Emprego, que abrirá procedimento para impugnações. É o Poder Judiciário que dará a última palavra no caso de impugnações.

O aposentado filiado a um sindicato tem o direito de votar e ser votado — CF/88, art. 8º, VII.

17.2.4. Criação do sindicato

Pode ser por: a) fundação originária; b) fundação de transformação de associação em sindicato; c) fundação por desmembramento da categoria; d) fundação por divisão de base territorial; e) por fusão de sindicatos.

Uma das principais mudanças da CF de 1988 foi a liberdade sindical, logo, a criação livre de sindicatos, já que antes estava atrelada a uma autorização do Estado.

Contudo, a liberdade não é total porque ainda vigora o chamado sindicato único, tema polêmico — porém, a opção do constituinte foi no sentido da inexistência de sindicatos concorrentes na mesma base territorial de uma categoria.

De modo que o STF entende que incumbe ao Ministério do Trabalho proceder ao registro das entidades sindicais e zelar pela observância do princípio da unicidade (Súmula n. 677), mesmo entendimento do TST — OJ n. 15 do SDC.

Atualmente, a matéria está disciplinada pela Portaria n. 186 de 10.4.1988. Portanto, o sindicato, para o funcionamento, além do registro de seus estatutos no Registro Civil, também necessita de registro no Ministério do Trabalho, que possui o Cadastro Nacional das Entidades Sindicais Brasileiras, órgão depositário dos atos constitutivos dos sindicatos (ato da assembleia de fundação, primeira diretoria e registro no Cartório de Registro Civil de Pessoas Jurídicas), sendo o registro sindical ato vinculado, subordinado apenas à verificação, pelo Ministério do Trabalho, de pressupostos legais, e não de autorização ou reconhecimento discricionário.

O pedido de registro é publicado no Diário Oficial — no prazo de trinta dias, se aguarda impugnação de entidades interessadas. Ocorrendo, será aguardada a decisão judiciária, não ocorrendo, será conferido o registro sindical à entidade.

É a Justiça do Trabalho que decidirá, como instância final, as demandas decorrentes sobre a criação dos sindicatos — EC n. 45, art. 114, III, da CF/88.

17.2.5. Da organização sindical

Baseada na categoria e na base territorial — art. 511 da CLT.

São superpostas em níveis: *sindicatos — federações — confederações — centrais sindicais*.

Federação — reúne um número não inferior a cinco sindicatos — art. 534 da CLT. Quando as categorias não forem em sindicatos, as federações poderão celebrar convenções coletivas e acordos coletivos (arts. 611, § 2º, e 617, § 1º, da CLT) e também instaurar dissídios coletivos (art. 857, parágrafo único da CLT).

Confederação — são constituídas de, no mínimo, três federações e a sua sede é em Brasília. Poderão, da mesma forma, na falta de sindicato e federação, celebrar acordos e convenções coletivas e instaurar dissídio coletivo, na forma dos artigos acima citados.

Central Sindical — são intercategorias só dos trabalhadores; são entidades de cúpulas dos trabalhadores, legalizadas pela **Lei n. 11.648/2008**, não possuem autonomia para acordo ou convenção coletiva, o que acaba lhes atribuindo um papel quase consultivo, sem a legitimidade das centrais de modelo europeu; em suma, suas atribuições e prerrogativas são: (a) coordenar a representação dos trabalhadores por meio das organizações sindicais a elas filiadas; (b) participar de negociações em fóruns, colegiados de órgãos públicos e demais espaços de diálogo social que possuam composição tripartite (governo, empregado e empregadores), nos quais estejam em discussão assuntos de interesse geral dos trabalhadores.

Para participar em espaços tripartites, a central sindical precisa ter os requisitos estipulados — *vide* art. 2º, *caput*, I a IV —, sendo que a aferição dos mesmos é realizada pelo Ministério do Trabalho e Emprego; citamos os requisitos:

— filiação de, no mínimo, 100 (cem) sindicatos distribuídos nas 5 (cinco) regiões do país;

— filiação em pelo menos 3 (três) regiões do país de, no mínimo, 20 (vinte) sindicatos em cada uma;

— filiação de sindicatos em, no mínimo, 5 (cinco) setores de atividade econômica; e

— filiação de sindicatos que representem, no mínimo, 7% (sete por cento) do total de empregados sindicalizados em âmbito nacional.

Um dado importante é que, com a legalização, as centrais passaram a receber parte do imposto sindical, desde que atendam aos requisitos de representatividade do art. 589, § 2º, da CLT.

Sobre o enquadramento, a categoria econômica do patrão impõe o enquadramento do empregado na categoria profissional correspondente (ex.: bancos = bancários), com ressalvas dos empregados que possuem categorias diferenciadas, *vide* os conceitos dos textos legais indicados.

Categoria econômica (empregadores) — art. 511, § 1º, da CLT: "A solidariedade de interesses econômicos dos que empreendem atividades idênticas, similares ou conexas, constitui o vínculo social básico que se denomina categoria econômica." Explica-se, de acordo com Renato Saraiva[64], que *atividades similares* são as desenvolvidas por empresas que exploram negócios distintos, mas de ramos parecidos, como, por exemplo, os hotéis e restaurantes; *atividades conexas* são as que se complementam, *vide* as várias atividades existentes na construção civil (serviço de alvenaria, hidráulica, esquadrias, pinturas, elétrica etc.).

Categoria profissional (trabalhadores) — § 2º do art. 511: "A similitude de condições de vida oriunda da profissão ou trabalho em comum, em situação de emprego na mesma atividade econômica ou em atividades econômicas similares ou conexas, compõe a expressão social elementar compreendida como categoria econômica."

Categoria diferenciada — § 3º do art. 511: "Categoria profissional diferenciada é a que se forma dos empregados que exerçam profissões ou funções diferenciadas por

---

(64) SARAIVA, Renato. *Direito do trabalho*. São Paulo: Método, 2004. p. 234.

força de estatuto profissional especial ou em consequência de condições de vida singulares." O art. 577 da CLT prevê a existência do quadro de atividades e profissões, porém, com a liberdade sindical, foi colocada em dúvida a rigidez de tal classificação, a rigor, note-se que muitas vezes será complexo definir se é categoria diferenciada ou não, já que se é fácil pela existência de estatuto especial, difícil se torna interpretar o requisito *condições de vida singulares*.

17.2.6. Prerrogativas dos sindicatos

- representa os interesses gerais da categoria e os interesses individuais dos associados relativos ao trabalho — art. 513, alínea *a*, da CLT;
- preside negociações, acordos e convenções coletivas;
- arrecada contribuições;
- homologa rescisões e dá assistência judiciária gratuita;
- demanda em juízo na defesa de interesses próprios (ex.: direitos patrimoniais), interesse da categoria (dissídio coletivo), substituto processual.

17.2.7. Receitas sindicais

Temos a **contribuição anual compulsória (ex.: imposto sindical)** fixada por lei. É devida para todos que participarem de uma categoria (empresa, empregado, autônomo, avulsos) em favor de seus respectivos sindicatos, para o empregado, no importe de um dia de salário por ano, descontado compulsoriamente da folha de salário do mês de março, e para o empregador em percentual correspondente ao seu capital social (arts. 578 a 610 da CLT). É matéria das mais polêmicas, recebendo diversas críticas ante a imposição de tal contribuição. O valor sofre complexo rateio: **empregadores**: 5% para a confederação, 15% para a federação, 60% para o sindicato, 10% para a Conta Especial Emprego e Salário; **empregados**: 5% para a confederação, 10% para a central sindical, 15% para a federação, 60% para o sindicato e 10% para a Conta Especial Emprego e Salário — *vide* art. 589 da CLT.

A **contribuição de assembleia**, também chamada **confederativa**, criada pelo art. 8º, IV, da Constituição de 1988, e que, de acordo com a sugestão de seu nome, tem como finalidade custear o sistema confederativo (sindicato, federação, confederação). De acordo com o STF, *vide* Súmula n. 666, é devida só para os associados do sindicato; da mesma forma dispõe o TST segundo Precedente Normativo n. 119 do SDC c/c OJ n. 17, também do TST.

A **taxa ou o desconto assistencial** são prerrogativas dos sindicatos para impor contribuições a todos aqueles que participam das categorias econômicas ou profissionais ou das profissões liberais representadas, fixadas em assembleia (art. 513 da CLT); objetiva cobrir os gastos do sindicato realizados pelas atividades nas negociações coletivas, previstos nos acordos e nas convenções coletivas e nos dissídios coletivos; segundo também o Precedente Normativo n. 119 do TST, vale tão somente para associados.

A **mensalidade dos sócios** é prevista no estatuto da cada sindicato e devida, apenas, pelos integrantes da categoria em que espontaneamente se inscrevem como sócios dos respectivos sindicatos — art. 548, *b*, da CLT.

17.3. CONFLITOS COLETIVOS

Disputa entre um grupo de empregados e um ou mais empregadores; podem ser **jurídicos ou de direito** (interpretação e/ou aplicação de normas jurídicas preexistentes), **econômico ou de interesse** (criação ou modificação das normas de trabalho).

Os conflitos coletivos de trabalho devem ser intermediados pelos sindicatos — art. 8º, VI, da CF/88; apenas na ausência dos sindicatos, das federações ou das confederações poderá ser constituída uma comissão de negociação, *vide* art. 4º, § 2º, da Lei n. 7.783/89, e art. 617, § 1º, da CLT.

Formas de solução: autodefesa ou autotutela (greve, *lockout*, boicotagem etc.), autocomposição (convenção e acordo coletivo) e heterocomposição (arbitragem e tutela estatal).

Negociação coletiva é o conjunto de técnicas que leva as partes a uma solução pacífica, normalmente transacionada; é muito prestigiada, pois, além de sua função jurídica, tem função política de equilibrar os interesses antagônicos, função econômica de distribuir riquezas ou flexibilizar direitos e função social de harmonizar o ambiente de trabalho. Como afirma Efrén Códova: "No Brasil a negociação coletiva tem, de fato, pouca importância, e a Consolidação e os tribunais do trabalho desempenham um papel preeminente, que não tem talvez paralelo nos outros países." Em suma, *vide* nosso primeiro capítulo, onde nos reportamos para a herança Vargas.

É a negociação coletiva procedimento obrigatório; se houver recusa, o Estado intervém utilizando-se de mesa-redonda; ademais, só pode ocorrer ação de dissídio se frustrada a negociação ou a arbitragem — *vide* art. 114, § 2º, da CF/88.

A **arbitragem** é tratada pela Lei n. 9.307/96 como um importante instrumento para dirimir litígios relativos a direitos patrimoniais disponíveis, a grande maioria da doutrina e jurisprudência sustenta que ela só está autorizada para ser utilizada nos conflitos coletivos de trabalho, tendo até *status* constitucional, como acima visto, sendo incabível sua utilização para os litígios individuais, ante a indisponibilidade dos direitos trabalhistas.

O **termo de ajuste de conduta**, preconizado pelo § 6º do art. 5º da Lei n. 7.347/95, que disciplina a ação civil pública, tem sido muito utilizado, trata-se de o interessado cumprir as exigências legais sob pena de pagar a multa estipulada; explica-se que tudo se dá no campo do Ministério Público do Trabalho, apenas a multa é cobrada na Justiça do Trabalho.

17.4. CONVENÇÃO E ACORDO COLETIVO

A Constituição de 1988 reconhece as convenções e também os acordos coletivos — art. 7º, XXVI.

A **convenção coletiva** de trabalho é o acordo escrito de vontades, relativas às condições de trabalho e demais vantagens econômicas, celebrado entre um empregador, um grupo de empregadores ou uma ou várias associações sindicais, por um lado, e, de outro, uma ou várias associações sindicais representativas dos empregados ou, na sua falta, comissão de empregados (denominados, também, comissão de fábrica), devidamente indicados pelos empregados interessados.

O **acordo coletivo** de trabalho está situado em um nível de menor abrangência do que a convenção coletiva, entretanto, o seu conteúdo e os seus efeitos podem ser os mesmos desta última, pois o acordo coletivo é feito entre uma ou mais empresas e o sindicato da categoria profissional, sendo que na convenção coletiva o pacto é realizado entre o sindicato da categoria profissional, de um lado, e o sindicato da categoria econômica, de outro — *vide* arts. 617 e 618 da CLT.

O sindicato tem de necessariamente participar (há controvérsias sobre a obrigação necessária do patronal), podendo ser substituído (pela federação ou confederação, ou pelos próprios empregados) quando se omite — *vide* art. 617 da CLT, § 1º, da CLT.

No conflito entre a aplicação da convenção ou do acordo coletivo para os trabalhadores de um mesmo empregador, tem prevalecido a norma mais favorável de acordo com a teoria do conglobamento (análise da norma que no seu conjunto é mais favorável aos trabalhadores).

17.4.1. Natureza jurídica

Para a *teoria contratualista* existe um negócio jurídico; para *a teoria normativa*, como vale para toda categoria, tem os efeitos típicos de uma norma; para *a teoria mista* existe efeito contratual ante a limitação ao âmbito da categoria, e normativa porque se aplica a todos. É a teoria mais aceita, chamada *ato ou contrato-regra*. É contrato porque as relações são formuladas diretamente pelos sindicatos convenentes ou acordantes, é normativo porque cria normas e condições de trabalho para toda categoria profissional envolvida, daí a famosa expressão de que *tem corpo de contrato e alma de lei*.

17.4.2. Aplicação

São aplicáveis no âmbito das categorias convenientes, sendo observada a todos os seus membros, sócios ou não dos sindicatos.

Havendo conflito entre acordo e convenção coletiva, terá de ser aplicada a norma mais favorável, segundo o critério do conglobamento.

Aplica-se mesmo para as empresas que foram criadas após a assinatura e para os empregados admitidos também após.

As normas coletivas não podem ser aplicadas territorialmente além dos limites da base dos dois sindicatos e, não havendo coincidências de bases, a aplicação estará limitada àquela de menor amplitude de qualquer dos dois sindicatos.

Para as empresas que têm estabelecimentos situados em diversas bases territoriais, será aplicada a norma coletiva confeccionada em cada base territorial pelos respectivos sindicatos, mesmo que umas sejam mais favoráveis que outras.

A mudança total de uma empresa para outra base territorial a desobriga do cumprimento da norma coletiva anterior; os empregados transferidos de uma filial para outra base territorial diversa passam a ser atingidos pelas normas coletivas na nova base. Contudo, poder-se-ia defender a tese de que as normas coletivas vigentes na época da transferência devem ser aplicadas até o final da norma coletiva, ou, mesmo, aplicar a teoria da norma mais favorável de acordo com o princípio do conglobamento.

Para as categorias diferenciadas não está obrigado a se aplicar convenções e acordos que não tiveram a representação direta da empresa ou através de seu órgão de classe — Súmula n. 374 do TST.

17.4.3. Conteúdo

Os conteúdos das convenções e dos acordos coletivos estão disciplinados no art. 613 da CLT, sendo que é disciplinado o que necessariamente há de constar (prazo de vigência, categorias envolvidas, condições etc.) e que deve ser devidamente lido.

17.4.4. Condições de validade

- necessariamente escrito — art. 613 da CLT;
- publicidade — art. 614;
- prazo máximo de dois anos — § 3º do art. 614 da CLT;
- necessidade de assembleia previamente convocada — art. 612;
- *quorum* mínimo para deliberações (art. 612 e parágrafo único da CLT);

- o processo de prorrogação, revisão, denúncia ou revogação total ou parcial dependerá de aprovação, em assembleia geral, dos sindicatos envolvidos — *vide* art. 615 da CLT;

- não pode contrariar a política salarial — art. 623 da CLT (o artigo é polêmico, já que a Constituição prevê o respeito pelo negociado; ademais, atualmente, a política salarial não é rígida como as que vigiam com escopo de controlar a inflação).

Obs.: Alguns doutrinadores advogam pela não recepção total dos arts. 612, 613, 614 e 615 da CLT, porque interferem na autonomia sindical e, por isso, violam o art. 8º da CF/88.

17.4.5. Outras questões

— pode ocorrer: *prorrogação* (do prazo de vigência), *revisão* (conceder condições mais favoráveis ou ter menos respeitados os direitos adquiridos), *denúncia* (uma das partes denuncia a outra que não vai mais cumprir o negociado) e *revogação* (as partes resolvem desfazer total ou parcialmente o ajustado na norma coletiva); para tanto terá de ocorrer assembleia e depósito das mudanças na forma do art. 614 da CLT.

— incorporações das cláusulas normativas nos contratos de trabalho — controvérsias —, *vide* Súmulas ns. 51 e 277 do TST, que limita. Contudo, uma segunda teoria aponta a adesão com base no art. 468 da CLT; para uma terceira teoria vigora o acordo até que outro expressamente altere ou modifique.

— descumprimentos das normas coletivas: multa do art. 622 da CLT (pela metade para o empregado) — existe a limitação do art. 920 da CLT.

17.5. A Greve

A palavra tem origem francesa que denota o local frequentado pela classe operária parisiense — a Place de la Grève (gravetos). As greves rompem abertamente com a subordinação dos trabalhadores dentro das relações capitalistas. Durante o século XIX (e, muitas vezes, mesmo depois), as greves eram ilegais; contudo, os modernos Estados capitalistas tendem a admiti-las em seus ordenamentos jurídicos.

Muito tempo se passou de suas repressões truculentas ou mesmo de seu caráter de guerra social, a ponto de Engels dizer que as greves eram "a escola militar dos trabalhadores, na qual se preparam para a grande e inevitável luta", para serem assimiladas como incidentes naturais da relação capital-trabalho, exigindo-se que os grevistas, contudo, respeitem os limites legais, já que em um Estado Democrático de Direitos não há direitos absolutos.

Como aduz com maestria Homero Batista Mateus da Silva: "a greve tem a enorme particularidade de ser uma manifestação sabidamente voltada para causar prejuízos econômicos ou jurídicos ao empregador e que, nada obstante, é reconhecida como um direito. Um direito a causar prejuízos a terceiros; com o apoio expresso da Constituição, não é algo que se vê todos os dias".[65] Acrescentamos, trata-se de uma autodefesa ou autotutela com *status* constitucional, tendo ainda a peculiaríssima situação de ser um direito individual, que se exerce coletivamente com, via de regra, a orientação da associação de classe. Por fim: tamanha originalidade de tal instituto é prova da plena autonomia dogmática do Direito do Trabalho.

No Brasil, a Constituição Federal de 1937 a proibiu; o Decreto-Lei n. 9.070/46 a admitiu e a Lei n. 4.330/64 também a admitiu, mas com severas restrições.

Atualmente, preconiza o art. 9º da CF/88: "É assegurado o direito de greve, compelindo aos trabalhadores decidir sobre a oportunidade de exercê-lo e sobre os interesses que devem por meio dele defender." Define ainda o § 1º: "A lei definirá os serviços ou atividades essenciais e disporá sobre o atendimento das necessidades inadiáveis da comunidade." Por fim, o § 2º: "Os abusos cometidos sujeitam os responsáveis às penas da lei."

A regulamentação adveio com a Lei n. 7.783/89, a chamada Lei de Greve, portanto, o estudo sobre o tema perpassa pelos dois diplomas legais.

17.5.1. Conceito jurídico

A greve é considerada, em nossa legislação, como a suspensão coletiva, temporária e pacífica, total ou parcial, de prestação pessoal de serviços a empregador (art. 2º da Lei n. 7.783/89). Portanto, há uma suspensão coletiva, podendo a mesma ser total ou parcial, mas sempre de caráter temporário, já que sua ideia é a pressão coletiva para se obter uma finalidade.

Deve ter a suspensão dos serviços para ser considerada greve. A greve é, assim, um direito de coerção, visando à solução do conflito coletivo.

17.5.2. Limitações ao direito de greve

- deve ser pacífica (art. 2º da Lei n. 7.738/89); portanto, invasões de fábricas, sabotagens, violências contra os colegas, ou o patrão, não se justificam diante do ordenamento legal;

---

(65) SILVA, Homero Batista Mateus da. *Op. cit.*, p. 453.

- não pode causar ameaça ou dano à propriedade ou pessoa (§ 3º do art. 6º da Lei n. 7.738/89);

- o recurso à operação tartaruga ou às operações ou aos procedimentos vagarosos, ou às chamadas operações padrões, é questionável; para alguns doutrinadores, são táticas naturais dos movimentos grevistas, para outros, são ilegais, já que não se enquadram no conceito legal de greve;

- os empregados e empregadores não podem violar ou constranger os direitos e as garantias fundamentais de outrem (art. 6º, § 1º, da Lei n. 7.783/89); exemplos: liberdade de pensamento para os que são contrários a ela (art. 5º, VIII, da CF/88), e direito de livre locomoção (art. 5º, XV, da CF/88);

- limitações em relação aos militares (§ 5º do art. 42 da CF/88), bombeiros, policiais civis e militares: sabemos que na prática os militares pressionam através de suas esposas ou mesmo se rebelando contra a hierarquia, destarte, *lege ferenda*, é conveniente que o legislador procure alguma possibilidade de acesso à negociação coletiva de tal categoria;

- aos servidores (art. 37, VII, da CF/88) — por falta de legislação específica, os tribunais alegavam a ilegalidade de tais greves (aliás, animados muitas vezes pela estabilidade, no serviço público são mais frequentes e duradouras do que o privado); contudo, o STF passou a admitir a aplicação da Lei n. 7.783/89 para o servidor público — *vide* MI n. 670/ES e 712/PA), julgados em 27.10.2007.

17.5.3. Legitimidade

A titularidade é dos trabalhadores, mas a legitimidade pertence à organização sindical, portanto, os trabalhadores não podem deflagrar a greve diretamente, pois a legitimidade foi garantida às associações sindicais — sindicato, federação e confederação; o sindicato é a primeira opção, na falta, a federação e, depois, a confederação; tais substituições são raras pelo grande número de sindicatos.

Portanto, todo o processo de mobilização, negociação, greve e assinatura do acordo ou convenção passa pela associação; aliás, responde também com multas quando há continuidade do movimento paredista, se julgado o dissídio coletivo.

À exceção de que, na ausência destas, poderão os trabalhadores constituir comissão de negociação para prosseguimento do movimento grevista — art. 4º da Lei n. 7.783/90 c/c art. 617 da CLT. Eis um tema deveras complexo, pois que cabe a tal comissão demonstrar a inércia, o desinteresse ou a atitude conflitante com o interesse dos trabalhadores, aliás, admitida que tal comissão tenha legitimidade para deflagrar o movimento grevista, é natural que assine o acordo ou a convenção quando exitosa a negociação coletiva.

17.5.4. Oportunidade do exercício

Não poderá ser deflagrada quando houver acordo, convenção ou sentença normativa em vigor (art.14 da Lei n. 7.783/89) a não ser que tenham sido feitas modificações nas condições existentes.

17.5.5. Interesse a defender

Por meio da greve, cabe aos trabalhadores dizer os interesses que serão defendidos.

Não será possível a greve política, realidade no Brasil nos anos de 1980, ou de solidariedade, pois nada poderá ser reivindicado do empregador, apenas em relação ao governo ou a terceiros. Contudo, pode-se, em nome da amplitude do preceito constitucional, preconizar que tais manifestações, a rigor, não são vetadas.

17.5.6. Negociação coletiva

A negociação coletiva é uma fase antecedente e necessária da greve.

Frustrada a negociação coletiva ou verificada a impossibilidade da arbitragem, será facultada a cessação coletiva do trabalho (art. 3º da Lei n. 7.783/89). É necessário que o sindicato reúna as provas de que tentou a negociação: mesas-redondas, correspondências, reuniões etc. Geralmente isso ocorre no período de data-base, sendo que a mesma não é referida na Constituição Federal nem na Lei de Greve, mas é praxe tê-la como referência na data de vencimento do acordo ou da convenção da categoria.

Conforme a Orientação Jurisprudencial n. 11 da SDC do Tribunal Superior do Trabalho, "é abusiva a greve levada a efeito sem que as partes hajam tentado, direta e pacificamente, solucionar o conflito que lhe constituiu o objeto".

Com a negociação frustrada e a inexistência de arbitragem, poderá ser instaurado o dissídio coletivo (§ 2º do art. 114 da Constituição).

17.5.7. Assembleia Geral

É preciso haver uma assembleia convocada pela entidade sindical para deliberar sobre a greve (art. 4º da Lei n. 7.783/89).

A assembleia geral será convocada nos termos dos estatutos do sindicato. Aliás, preconiza a Orientação Jurisprudencial n. 35 da Seção Especializada em Dissídios coletivos do TST: "Se os estatutos da entidade sindical contam com norma específica que estabeleça prazo mínimo entre a data de publicação do edital convocatório e a realização da assembleia correspondente, então a validade desta última depende da observância desse interregno."

A lei não indica o *quorum* de votação, voto secreto, publicidade especial de convocação etc. Portanto, tudo fica adstrito às especificações do estatuto do sindicato.

Registra-se que a Orientação Jurisprudencial n. 19 da SDC do TST declina que "participa da assembleia apenas quem está diretamente ligado ao problema".

17.5.8. Aviso-prévio de greve

Deverá ser fornecido com antecedência mínima de 48 horas ao sindicato patronal ou aos empregadores (art. 13 da Lei n. 7.783/89). Representa uma espécie de último aviso para a negociação e, ao mesmo tempo, possibilita ao patrão se preparar, assim como preparar a comunidade.

Poderá ser feito por qualquer meio: rádio, jornal, televisão etc.

17.5.9. Serviços ou atividades essenciais

São taxativas tais situações e não meramente declarativas nos termos do art. 10 da Lei de Greve. A ideia será de atribuir a essencialidade apenas aos serviços que acarretarem diretamente prejuízo à *vida*, à *segurança* e à *saúde* da população, deixando de fora aqueles cuja ausência represente mero desconforto ou aborrecimento. Aduz Mateus da Silva[66], analisando a matéria no âmbito da OIT, que, se adotássemos a posição do Comitê de Liberdade Sindical, o art. 10 deveria manter apenas os incisos I (água e eletricidade), II (hospitais), VII (telefonia) e X (tráfego aéreo), liberando as demais categorias profissionais do conceito de serviços essenciais. Rompendo com qualquer carga de subjetivismo, resigne-se o intérprete com a taxação de nosso ordenamento jurídico.

Em tais situações, os empregadores e os trabalhadores ficam obrigados, de comum acordo, a garantir a prestação de serviços indispensáveis para a comunidade. Não há definição prévia de percentual de serviço mínimo a ser oferecido, é muito recorrente que a jurisprudência fixe em liminar tal percentual de acordo com o caso concreto.

Enfim, são considerados serviços ou atividades essenciais:

— tratamento e abastecimento de água; produção e distribuição de energia elétrica, gás e combustíveis;

— assistência médica e hospitalar;

— distribuição e comercialização de medicamentos e alimentos;

— serviços funerários;

---

(66) *Ibidem*, p. 209.

— transporte coletivo;

— captação e tratamento de esgoto e lixo;

— telecomunicações;

— guarda, uso e controle de substâncias radioativas, de equipamentos e de materiais nucleares;

— processamento de dados ligados aos serviços essenciais;

— controle de tráfego aéreo;

— compensação bancária.

A **comunicação** da paralisação aos empregadores e aos usuários deve ser feita com antecedência mínima de 72 horas — art. 13 da Lei de Greve.

Segundo jurisprudência do TST: "A garantia das necessidades inadiáveis da população usuária é fator determinante da qualificação jurídica do movimento, sendo abusiva a greve que se realiza em setores que a lei define como sendo essenciais à comunidade, se não é assegurado o atendimento básico das necessidades inadiáveis dos usuários" — OJ n. 38 SDC.

17.5.10. Manutenção de bens

É a necessidade de se manter serviços, mesmo em atividades e serviços não essenciais, cuja paralisação resulte em prejuízos irreparáveis em bens, máquinas e equipamentos, assim como a manutenção daqueles essenciais à retomada das atividades da empresa quando da cessação do movimento (art. 9º da Lei n. 7.783/89). Explica Mateus da Silva: "Alguns aspectos da segurança do trabalho são mantidos intactos nos períodos de suspensão e interrupção do contrato de trabalho — e isso não seria diferente na paralisação grevista —, porque não são apenas os equipamentos de proteção individual que compõem a matéria, mas também a proteção coletiva, o combate ao incêndio, a manutenção dos tanques de combustível, a operação de caldeiras, as instalações elétricas idôneas e um sem-número de diretrizes a serem cumpridas pelos empregadores em colaboração estreita com os empregados."[67]

Existe a possibilidade de o empregador contratar serviços até o fim da greve, caso os grevistas não estejam cumprindo as determinações supra, sendo que, no art. 10, quando os grevistas não cumprirem as obrigações mínimas em empresas envolvidas em atividades e serviços essenciais, o legislador teve o requinte de atribuir ao Poder Público a função de fornecer os serviços cabíveis.

17.5.11. Direitos dos envolvidos na greve

O art. 6º da Lei n. 7.783 assegura os seguintes direitos aos empregados: (a) emprego de meios pacíficos tendentes a persuadir ou a aliciar os trabalhadores a

---

(67) *Ibidem*, p. 890.

aderirem à greve; (b) a arrecadação de fundos; (c) a livre divulgação do movimento; (d) a suspensão do contrato de trabalho.

Por seu turno, é vedado aos empregadores: (a) constranger o empregado ao trabalho; (b) frustrar a divulgação do movimento; (c) rescindir o contrato de trabalho; (d) contratar empregados substitutos, salvo situações excepcionais.

É muito recorrente que os grevistas fechem as entradas e saídas dos estabelecimentos, usem carros de som em alto volume, atrapalhem a clientela etc. De modo que o Judiciário terá de avaliar cada caso concreto para ver se os aludidos meios pacíficos estão de fato sendo utilizados.

A arrecadação de fundos é faculdade natural, já que o trabalhador durante a greve não recebe seus salários, o que é grave, principalmente em greves mais longas.

Sobre a livre divulgação, entendemos que essa é precípua ao ambiente de trabalho, sendo justo que os empregados possam divulgar através de fôlder, jornal e mural as razões do movimento paredista.

17.5.12. *Abuso do direito de greve (greve abusiva ou ilegal)*

O art. 14 da Lei n. 7.783/89 estabelece que a inobservância das determinações das normas da Lei de Greve e a manutenção da paralisação após a celebração de acordo, convenção ou sentença normativa são caracterizadas como abuso do direito de greve. A exceção se dá quando: tenha por objetivo exigir o cumprimento de cláusula ou condição, ou seja, motivada pela superveniência de fatos ou acontecimento imprevisto que modifique substancialmente a relação de trabalho. Conclui Mateus da Silva: "Como não se pode imaginar que qualquer oscilação do índice de desemprego ou de inflação sejam acontecimentos inesperados e acachapantes, reserva-se essa exceção para casos de comoção nacional ou, digamos, de uma dispensa em massa da força de trabalho logo após a celebração do tratado de paz, que é a norma coletiva."[68]

As jurisprudências mais recorrentes sobre a abusividade de greve acontecem quando o movimento paredista não preenche as exigências mínimas estipuladas pela legislação, como a necessária tentativa de negociação coletiva, a comunicação ao empregador, dentro do prazo legal, e à sociedade, e a inexistência de pauta de reivindicação.

Registra-se ainda que a correta divisão de Jorge Neto: "O abuso pode ser formal ou material. É formal quando não se observam as formalidades previstas na lei de greve, como, por exemplo, a não realização de assembleia, a inexistência do aviso prévio — 48 horas (atividades comuns) e 72 horas (atividades ou serviços essenciais). É material, segundo Sergio Pinto Martins, "se a greve se realizasse em atividades proibidas".

---

(68) *Ibidem*, p. 670.

Declarada a abusividade, nenhum direito terá a categoria. Segundo o TST: "É incompatível com a declaração de abusividade do movimento grevista o estabelecimento de quaisquer vantagens ou garantias a seus partícipes, que assumiram os riscos inerentes à utilização do instrumento de pressão máximo" — Orientação Jurisprudencial n. 10 da Seção Especializada em Dissídios Coletivos do TST.

Ademais, no curso do movimento paredista, podemos dar outros exemplos: ocupação ameaçadora de estabelecimentos, sabotagem ou boicote aos serviços da empresa, piquete obstativo ou depredatório do patrimônio do patrão etc.

17.5.13. Efeitos sobre o contrato de trabalho

Não pode o empregador rescindir o contrato de trabalho nem admitir trabalhadores substitutos — parágrafo único do art. 7º da Lei n. 7.783/89. A lei é clara ao informar que a greve suspende o contrato de trabalho; cessa, portanto, a subordinação jurídica, o empregado não é obrigado a usar uniforme, cumprir horários etc. Porém, que se observe que determinadas figuras da justa causa podem ser praticadas mesmo estando o contrato suspenso (difamação do empregador, ofensa física, violação do sigilo da empresa etc.). Os trabalhadores que cometerem falta grave poderão ser dispensados. Contudo, em nosso sentir, a dispensa poderá ser realizada tão somente com o fim do movimento grevista, já que suspenso o contrato durante a deflagração do mesmo.

Se o empregado está com contrato de prazo determinado, curioso é definir se expirado o prazo o mesmo poderá ser encerrado no curso da greve. Alguns doutrinadores defendem que sim; em nosso sentir, não, já que a greve, assim como uma doença do empregado, assume cores de força maior, daí ser natural que, após o fim do movimento paredista, se oportunize ao empregado de cumprir, trabalhando, o termo prefixado.

A simples adesão à greve não constitui justa causa (Súmula n. 316 do STF).

17.5.14. Pagamento dos dias parados

Conforme realidade do art. 2º da Lei n. 7.783/89, a greve representa suspensão do contrato de trabalho. Com muita pertinência, aduz Palma Ramalho: "mas efeito suspensivo resulta da decisão unilateral do trabalhador de aderir ao processo grevista — em suma, a greve produz uma modificação no contrato de trabalho, mas esta modificação é produto da vontade unilateral de uma das partes e prevalece sobre o acordo contratual".⁽⁶⁹⁾ Portanto, o empregado que não adere ao movimento grevista tem seu contrato de trabalho em pleno vigor.

O TST tem entendido que, mesmo que a greve seja considerada não abusiva, os dias parados não são devidos se os empregados não trabalharem. Contudo, muitas vezes, por acordo, tais dias acabam sendo pagos, acabando a paralisação, sendo mera interrupção do contrato de trabalho. Se descontados os salários, haverá também prejuízo no cômputo das férias (art. 130 da CLT), nos descansos semanais remunerados, no Fundo de Garantia e no 13º salário.

17.5.15. Responsabilidade

A responsabilidade pelos atos praticados durante a greve ou os ilícitos ou crimes cometidos será apurada de acordo com a legislação trabalhista, civil ou penal (art. 15 da Lei n. 7.783/89). Destarte, a conduta irresponsável do trabalhador, além da responsabilidade trabalhista (advertência, suspensão e justa causa), pode ter reflexos no campo civil e/ou penal. Quanto à entidade civil, a mesma pode ser responsável por danos materiais, desde que preenchidos os requisitos da chamada responsabilidade subjetiva: ato, nexo e culpa.

17.5.16. Lockout

O art. 17 da Lei n. 7.783/89 define o *lockout* como a paralisação das atividades da empresa realizada pelo empregador, com o objetivo de exercer pressões sobre os trabalhadores, visando a frustrar a negociação coletiva ou dificultar o atendimento de reivindicação — tal prática é terminantemente proibida. Durante tal paralisação patronal, os salários são assegurados — art. 17, parágrafo único.

O direito comparado de alguns países considera o *lockout* em pé de igualdade com a greve. Registra-se ainda que tal movimento é mais recorrente como uma resposta ao grevista, seja para quebrar o movimento dos trabalhadores, seja para proteger o patrimônio da empresa.

Sobre o tema, aduz Mateus da Silva: "A greve dos empregadores, que consistiria basicamente em fechar as portas da empresa, não atende ao requisito da pressão para negociar, desaguando em simples ato de retaliação aos empregados que não quiseram ou não puderam ouvir a seus apelos. (...) Os instrumentos de pressão do empregador são de outra natureza, como a não concessão de algumas cláusulas, o

---

(69) PALMA RAMALHO, Maria do Rosário. *Op. cit.*, p. 670.

corte de parte da força de trabalho e a suspensão dos planos de expansão, dentre outros aspectos em que o capital prepondera sobre o trabalho."[70]

Palma Ramalho aduz interessante observação: "Por fim, enquanto direito dos trabalhadores, a greve põe à prova o princípio geral da igualdade dos entes jurídicos privados, porque não tem correspondência num direito análogo do empregador — uma vez que no sistema laboral português é proibido o *lockout* (art. 57, n. 4, da CRP, e art. 544 do CT)."[71] Alfredo Ruprecht ensina que no direito comparado o *lockout* está em pé de igualdade com a greve, e algumas Constituições ibero-americanas assim o reconhecem.

---

(70) SILVA, Homero Batista Mateus da. *Op. cit.*, p. 567.
(71) RAMALHO, Maria do Rosário Palma. *Op. cit.*, p. 670.

18 PODER NORMATIVO

Frustrada a negociação coletiva ou a arbitragem, há a possibilidade do ajuizamento de dissídio coletivo, destarte, se vale do poder normativo como forma de resolver os conflitos coletivos trabalhistas. Atua, portanto, o Judiciário de forma legislativa, ou seja, criando leis para as partes em conflitos, desde a criação da Justiça do Trabalho, em 1932, sendo que a CLT em seu art. 868 manteve tal poder, assim como as constituições a partir de 1946.

Tal instituto sempre foi controvertido, seja porque se entronca tal atitude com as funções do poder legislativo, seja porque prevalece a ideia de que a Justiça do Trabalho não tem de interferir nos conflitos econômicos, intimidando a negociação coletiva, que acreditam ser sempre possível.

A doutrina e a jurisprudência ainda subdividiram o tema em dissídio de natureza econômica, com o fito de criar leis específicas, e de natureza jurídica, com o fito apenas de interpretar normas já existentes específicas para determinada categoria, sendo certo que, segundo a jurisprudência dominante do TST, não se admite dissídio coletivo para interpretação de norma legal de caráter geral — OJ n. 7, SDC.

Em suma, de acordo com nosso ordenamento jurídico, a matéria tem *status* constitucional, já que dispunha a CF/88 em seu art. 114, § 2º, o seguinte: "Recusando-se qualquer das partes à negociação ou à arbitragem, é facultado aos respectivos sindicatos ajuizar dissídio coletivo, podendo a Justiça do Trabalho estabelecer normas e condições, respeitadas as disposições convencionais e legais mínimas de proteção do trabalho."

Após a **Emenda Constitucional n. 45/04**, o texto passou a ser o seguinte: "§ 1º — Recusando-se qualquer das partes à negociação coletiva ou à arbitragem, é facultado às mesmas, de comum acordo, ajuizar dissídio coletivo de natureza econômica, podendo a Justiça do Trabalho decidir o conflito, respeitadas as disposições mínimas de proteção ao trabalho, bem como as convencionadas anteriormente."

Dispõe ainda o § 2º que: "Em caso de greve em atividade essencial, com possibilidade de lesão ao interesse público, o Ministério Público do Trabalho poderá ajuizar dissídio coletivo, competindo à Justiça do Trabalho decidir o conflito."

A mudança, portanto, fez com que a ação de dissídio coletivo só possa ser impetrada com a concordância das partes, o que para muitos doutrinadores passou a ter cores de uma admissão de arbitragem estatal. Tal mudança legislativa tem como escopo, conforme analisa Vólia Bomfim Cassar, "desafogar o Judiciário com a redução dos dissídios coletivos ajuizados; estimular a composição extrajudicial e acabar com o poder atípico atribuído ao Judiciário Trabalhista desde 1932".[72]

Contudo, há fortes argumentos no sentido de que uma das partes pode, sim, independentemente da vontade da outra, acessar o Judiciário para solução do impasse, mormente quando há greve, através da natural ação do dissídio coletivo, isso porque não se pode negar acesso ao Judiciário — *vide* art. 5º, XXXV, da CF/88. Em nosso sentir, a Emenda teve escopo de mudança clara, ou seja, admitir o poder normativo da Justiça do Trabalho tão somente em situações excepcionais. É a ideia de que o poder normativo é uma exceção, só admitido, portanto, em casos excepcionais. Enfim, caberá à jurisprudência indicar a interpretação dominante.

---

(72) CASSAR, Vólia Bomfim. *Op. cit.*, p. 1.451.

Bibliografia

BARROS, Alice Monteiro de. *Curso de direito do trabalho*: São Paulo: LTr, 2006.

CASSAR, Vólia Bomfim: *Direito do trabalho*: Rio de Janeiro: Impetus, 2010.

CASTELO, Jorge Pinheiro. *O direito processual do trabalho na moderna teoria geral do processo*. São Paulo: LTr, 1993.

DELGADO, Mauricio Godinho. *Curso de direito do trabalho*. São Paulo: LTr, 2006.

JORGE NETO, Francisco Ferreira *et al*. *Curso de direito do trabalho*. Rio de Janeiro: Atlas, 2009.

MAGANO, Octavio Bueno. *Manual de direito do trabalho*. São Paulo: LTr, 1998.

MARTINS, Sergio Pinto. *Direito do trabalho*. São Paulo: Atlas, 2006.

MORAES, Alexandre de. *Direito constitucional*. Rio de Janeiro: Atlas, 2005.

MORAES FILHO, Evaristo de. *Introdução ao direito do trabalho*. São Paulo: LTr, 1967.

NASCIMENTO, Amauri Mascaro. *Iniciação ao direito do trabalho*. São Paulo: LTr, 2009.

SAAD, Eduardo Gabriel e outros. *CLT comentada*. São Paulo: LTr, 2006.

SILVA, Homero Batista Mateus da. *Curso de direito do trabalho*. São Paulo: Elsevier, 2009.

TEPEDINO, Gustavo *et al*. *A parte geral do novo Código Civil*. Rio de Janeiro: Renovar, 2004.